APPRENDRE L'ISLANDAIS

Objectif Langues

OBJECTIF LANGUES

APPRENDRE L'ISLANDAIS
Niveau débutants
A2

Kristín Jónsdóttir

LA COLLECTION OBJECTIF LANGUES

À PROPOS DU CADRE EUROPÉEN COMMUN DE RÉFÉRENCE POUR LES LANGUES

À partir de quel moment peut-on considérer que l'on « parle » une langue étrangère ? Et quand peut-on dire qu'on la parle « correctement », couramment ? Voire qu'on la « maîtrise » ? Cette question agite les spécialistes de la linguistique et de l'enseignement depuis toujours. Elle pourrait être de peu d'intérêt si les locuteurs d'aujourd'hui n'avaient pas à justifier leurs compétences dans ce domaine, notamment pour accéder à l'emploi.

C'est en partie pour répondre à cette question que le Cadre européen commun de référence pour les langues (CECRL), appelé plus communément « Cadre européen des langues », a été créé par le Conseil de l'Europe en 2001. Sa vocation première est de proposer un modèle d'évaluation de la maîtrise des langues neutre et adapté à toutes les langues afin de faciliter leur apprentissage sur le territoire européen. À l'origine, il entendait favoriser les échanges et la mobilité, mais aussi mettre un peu d'ordre dans les tests d'évaluation privés qui fleurissaient à la fin du XXe siècle et qui étaient, la plupart du temps, propres à une langue.

Plus de 15 ans après son lancement, son succès est tel qu'il a dépassé les simples limites de l'Europe et qu'il est utilisé dans le monde entier ; pour preuve, son cahier des charges est disponible en 39 langues. Les enseignants, les recruteurs et les entreprises y ont largement recours et les praticiens « trouvent un avantage à travailler avec des mesures et des normes stables et reconnues[1]. »

LES 6 NIVEAUX DU CADRE EUROPÉEN DES LANGUES

Le cadre européen se divise en 3 niveaux généraux et en 6 niveaux communs de compétence :

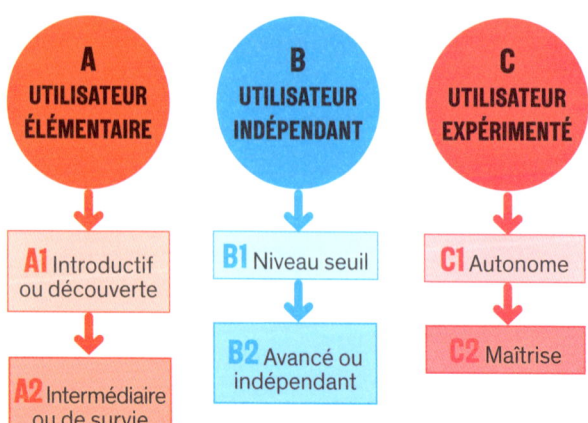

Chacun des niveaux communs de compétence est détaillé selon des activités de communication langagières :
• la production orale (parler) et écrite (écrire) ;
• la réception (compréhension de l'oral et de l'écrit) ;
• l'interaction (orale et écrite) ;
• la médiation (orale et écrite) ;
• la communication non verbale.

Dans le cadre de notre méthode d'apprentissage et de son utilisation, les activités de communication se limitent bien sûr à la réception (principalement) et à la production (un peu). L'interaction, la médiation et la communication non verbale s'exercent sous forme d'échanges en rencontrant des locuteurs et/ou en échangeant avec eux (avec ou sans présence réelle pour dire les choses autrement).

LES COMPÉTENCES DU NIVEAU A2

Avec le niveau A2, je peux :
- **comprendre** des expressions et des messages simples et très fréquents ;
- **lire** des textes courts et trouver une information dans des documents courants ;
- **comprendre** des courriers personnels courts et simples ;
- **communiquer** lors de tâches simples et habituelles ;
- **décrire** en termes simples ma famille, d'autres gens, mes conditions de vie, ma formation et mon activité professionnelle ;
- **écrire** des notes et des messages courts et simples.

La plupart des méthodes d'auto-apprentissage de langues actuelles utilisent la mention d'un des niveaux du cadre de référence (la plupart du temps B2), mais cette catégorisation a souvent été faite *a posteriori* et ne correspond pas forcément à leur cahier des charges.
En suivant les leçons à la lettre, en écoutant les dialogues et en faisant les exercices proposés, vous parviendrez au niveau A2. Mais n'oubliez pas qu'il ne s'agit que d'un début. Le plus important commence ensuite : échanger avec des locuteurs natifs, entretenir sa langue et ne pas la laisser rouiller et, ainsi, améliorer sans cesse la compréhension et l'expression.

1. *Cadre européen commun de référence pour les langues,* Éditions Didier (2005).

APPRENDRE L'ISLANDAIS

NOTIONS

- **APERÇU HISTORIQUE**
- **LA SPÉCIFICITÉ DE L'ISLANDAIS : LE SYSTÈME DE DÉCLINAISON DES NOMS**
- **L'ALPHABET**
- **LES SONS**

■ APERÇU HISTORIQUE

Si vous avez cet ouvrage entre vos mains, vous avez pris la décision de vous lancer dans l'aventure de l'apprentissage de l'islandais. Félicitations ! À moins que vous ayez des bases dans d'autres langues nordiques, vous allez probablement vite comprendre que… qu'en fait vous ne comprenez rien ! Mais il ne faut pas se laisser décourager, nous y allons à tâtons et si vous vous accrochez vous allez y arriver !

L'Islande vit accoster tour à tour des colons irlandais, vikings, norvégiens, danois, qui forgèrent l'identité de cette île dans un joli melting pot ! En 930, les différents chefs de clans se réunirent et créèrent le plus vieux parlement du monde, fondant ainsi un état libre islandais. La langue parlée était la même que celle pratiquée dans toute la Scandinavie, souvent appelée langue danoise. Peu à peu, les dialectes s'intensifièrent jusqu'à diviser les langues nordiques en groupes de sous-familles : indo-européenne et germanique (le danois, le féroïen, l'islandais, le norvégien et le suédois). Les écrits les plus anciens datent du XIIe siècle et montrent qu'il n'y avait pas de grande différence avec le norvégien. Pendant le XIIIe et le XIVe siècle, les deux langues s'éloignent l'une de l'autre, le système norvégien se simplifiant. Quant à l'islandais, le système des déclinaisons fut sauvegardé dans son ensemble. Une évolution phonétique s'opéra, mais c'est surtout le vocabulaire qui subit des mutations, dû aux changements sociétaux et à l'influence de langues étrangères. Du XVIe au XIXe siècle, la communication pour les échanges commerciaux (pêche) se faisait essentiellement en danois, d'où l'héritage dans la langue islandaise. Les premières investigations sur la préservation de la langue furent à l'initiative d'un linguiste danois, Rasmus Christian Rask, venu en Islande au début du XIXe. Il sensibilisa et avertit des risques de la disparition de la langue islandaise, si on ne la protégeait pas. Son travail, lié à la poésie et la littérature ancienne, toujours restées bien vivantes dans la mémoire et la culture des Islandais, permirent de prendre conscience du danger et de la nécessité de protéger leur idiome. L'Islandais devient langue officielle en 2011 (la Constitution de 1874 ne le prévoyant pas), tout en conservant les langues anglaise et danoise dans les documents administratifs. Aujourd'hui, la langue islandaise est bel et bien implantée sur l'île, et se véhicule dans le monde grâce à l'intérêt pour la culture du pays à l'échelle internationale : la musique (Björk ou Sigur Ros), la littérature (Arnaldur Indriðason), le tourisme (qui aujourd'hui est une meilleure source de revenus que la pêche). Et si l'islandais est principalement parlé en Islande, il existe une petite communauté de **Vestur-Íslendingar**, *Islandais de l'Ouest*, dans la province du Manitoba au Canada – descendants des immigrés islandais pendant l'exode de la du fin XIXe. Ils défendent leurs origines en conversant dans leur langue ancestrale, qui bien sûr sonne un peu archaïque aux oreilles d'un Islandais d'Islande !

■ LA SPÉCIFICITÉ DE L'ISLANDAIS : LE SYSTÈME DE DÉCLINAISON DES NOMS

L'islandais est, tout comme le français, une langue dite SVO, c'est à dire une langue dont les phrases suivent un ordre sujet + verbe + objet. Ex. : **Ég heiti Birna.** *Je m'appelle Birna.*

L'adjectif se place le plus souvent devant le nom en islandais, ce qui est variable en français : **Þetta er heitt kaffi.** *C'est un café chaud.*

Le système de conjugaisons des verbes est assez compliqué, mais les francophones ne devraient pas avoir trop peur de cela. Ce qui peut poser des problèmes pour un débutant, ce sont les déclinaisons (irrégulières) des noms et des noms propres, système quasi intact depuis le Moyen Âge, d'où sa complexité. Quatre cas : nominatif, accusatif, datif, génitif. Le nominatif est le cas du sujet, l'accusatif est le cas de l'objet direct, le datif est le cas de l'objet indirect, le génitif est le cas du complément du nom. Deux nombres : singulier, pluriel (avec ou sans l'article défini). Théoriquement, un nom peut donc disposer de 16 formes. Les prépositions et les verbes exigent certains cas, mais certains d'entre eux peuvent requérir deux cas différents, selon le sens de la phrase énoncée. La déclinaison s'apprend progressivement. Il est difficile de connaître les quatre cas des deux nombres pour chaque mot rencontré. Il est de coutume d'apprendre les phrases par cœur, le bon cas est alors assimilé. Pour une phrase formulée pour la première fois, on peut absolument se permettre d'utiliser la forme que l'on connaît tout simplement. Les Islandais savent bien que la déclinaison est comme un elfe qui se joue de nous, et ils pardonnent les simplifications sans problème. Pour un débutant, l'important est de se faire comprendre, pas forcément de parler sans faire de fautes !

■ L'ALPHABET

Il comporte 32 lettres.

A a	[a]	**annar**, *autre*	E e	[ɛ]	**erfitt**, *difficile*
Á á	[au]	**árshátíð**, *fête annuelle*	É é	[jɛ]	**ég**, *moi*
B b	[pjɛ]	**bróðir**, *frère*	F f	[ɛf:]	**fara**, *partir*
D d	[tjɛ]	**danska**, *danois*	G g	[cɛ]	**Geysir**, *nom d'un geyser*
Ð ð	[ɛð]		H h	[hau]	**halló**, *allô*

I i	[ɪ]	**inni**, *à l'intérieur*	S s	[ɛs]	**stór**, *grand*
Í í	[i]	**Ísland**, *Islande*	T t	[tʰjɛ]	**tölva**, *ordinateur*
J j	[jɔð]	**jól**, *Noël*	U u	[ʏ]	**undir**, *sous*
K k	[kʰau]	**kind**, *mouton*	Ú ú	[u]	**úti**, *dehors*
L l	[ɛtl̥]	**lifa**, *vivre*	V v	[vaf:]	**vinna**, *travailler*
M m	[ɛm:]	**maður**, *homme*	X x	[ɛxs]	**xenon**, (un élement)
N n	[ɛn:]	**núna**, *maintenant*	Y y	[ʏfsɪlɔn ɪ]	**yfir**, *au-dessus*
O o	[ɔ]	**opið**, *ouvert*	Ý ý	[ʏfsɪlɔn i]	**ýmsir**, *plusieurs*
Ó ó	[ou]	**ókei**, *OK*	Þ þ	[θɔtn̥]	**þegar**, *quand*
P p	[pʰjɛ]	**pabbi**, *papa*	Æ æ	[ai]	**æ!**, *aïe !*
R r	[ɛr]	**Reykjavík**	Ö ö	[œ]	**öngull**, *hameçon*

Deux petits triangles, qui s'opposent (:) après un symbole phonétique, par exemple [a:], [s:], signifient que le son est long. La lettre **ð** n'est pas accompagnée de mot car cette lettre n'est jamais utilisée en début de mot. Certaines lettres ne sont employées que pour les mots d'origine étrangère : C, Q, W. Ces caractères ne font donc pas partie de l'alphabet islandais. Quand un mot est emprunté au vocabulaire anglais, par exemple, il est généralement « islandisé ». Ex. : cool (p. 55) → **kúl**.

■ LES SONS

Les sons islandais ressemblent aux sons du français. Il y a toutefois quelques sons qui n'existent pas dans le français : le h aspiré, certaines consonnes fricatives (**þ** [θ], **ð** [ð]), et la voyelle diphtongue **á** [au].

LES CONSONNES

Voici une liste de tous les sons de la langue islandaise en API, accompagnés d'exemples. La plupart des mots sont tirés de notre ouvrage, seul 3 termes manquent à l'appel. Les lettres qui correspondent au son, sont signifiées en couleur :

occlusives	fricatives	nasales	latérales
[pʰ] **p**abbi	[f] **f**ara	[m] **m**aður	[l] **l**ifa
[tʰ] **t**ölva	[v] **v**inna	[m̥] ske**mm**tilegasta	[l̥] jó**l**
[cʰ] **kj**ól	[θ] **þ**egar	[n] **n**úna	
[kʰ] **k**ind	[ð] bró**ð**ir	[n̥] **hn**é	

[p] **b**róðir	[s] **s**tór	[ɲ] ás**tfan**gin	vibrantes	
[t] **d**anska	[ç] **hj**á	[ɳ̊] **b**an**ki**	[r] **R**eykjavík	
[c] **gj**öf	[j] **j**ól	[ŋ] ö**n**gull	[r̥] ve**r**ki	
[k] **g**anga	[x] é**g**	[ŋ̊] **hl**u**n**kur		
	[ɣ] þe**g**ar			
	[h] **h**alló			

LES VOYELLES

simples		diphtongues **i**	diphtongues **ú**
antérieures	postérieures		
[i] **Í**sland	[u] **ú**ti	[ei] ó**ke**i	[ou] ó**ke**i
[ɪ] **i**nni	[ɔ] **o**pið	[œi] au**mi**ngja	[au] **á**rshá**tí**ð
[ɛ] **e**rfitt	[a] **a**nnar	[ai] æ	
[ʏ] **u**ndir		[ʏi] h**ug**i	
[œ] t**ö**lva		[oi] **o**j!	

Une fois qu'on a intégré à peu près la façon dont chaque lettre doit être prononcée et les quelques variations par rapport aux lettres environnantes, il est relativement facile de lire l'islandais à haute voix. L'accent tonique porte toujours sur la première syllabe. Le rythme de la langue est donc assez facile à maitriser. En théorie, les fins de mots sont prononcées mais dans le flux de la langue parlée vous allez remarquer que les mots se terminant par une voyelle et suivis d'un mot commençant par une voyelle, ont tendance à voir disparaître leur voyelle finale.

Ex. : **Þau eru að koma → þau er'að koma** (chap. 4, exercice).

Pour un débutant, il faut bien sûr soigner la prononciation, pour être plus facilement compris. Il faut parler lentement et prononcer chaque lettre. Il ne faut surtout pas avoir peur de votre accent, les Islandais sont en général ravis qu'un étranger fasse l'effort de parler leur langue. Le seul problème c'est qu'ils peuvent rapidement prendre le pli de s'adresser à vous en anglais. L'anglais est parlé par quasiment tous les Islandais. Il ne faut pas se vexer, ce n'est pas mal intentionné, au contraire, c'est de la politesse. Il suffit de dire que l'on préfère continuer en islandais : **Getum við talað íslensku? Ég vil æfa mig.** *On peut parler islandais ? Je veux m'entraîner.*

QUELQUES RÉFLEXIONS SUR LA PRONONCIATION ET LE RAPPORT AVEC L'ORTHOGRAPHE

Attention, ces réflexions ne sont pas un récapitulatif exhaustif sur la prononciation de l'islandais.

Longueur des voyelles

Les voyelles peuvent être longues ou courtes, excepté les diphtongues [ʏi] et [oi] – toujours courtes.

Les syllabes non accentuées, donc la deuxième syllabe (ou plus), y compris toutes les terminaisons de déclinaisons comme **-ur** ou **-ar**, ou d'article défini comme **-inn** ou **-in** se composent de voyelles courtes en général.

La règle de base, pour les voyelles dans une syllabe accentuée : une voyelle est courte devant une consonne longue ou un groupe de consonnes, sinon, elle est longue. La voyelle est donc toujours longue en fin de mots courts, et devant une seule consonne.

Ex. : Le bonjour masculin/féminin : **sæll** (groupe de consonnes après [tl̥], donc voyelle courte) / **sæl** (une seule consonne courte après, donc voyelle longue) ; **þú**, *toi* (mot court qui se termine par voyelle longue), **þér**, *toi* (une seule consonne).

Longueur des consonnes

Les consonnes occlusives sonores [p], [t], [c], et [k], et les deux fricatives sonores, [f] et [s] peuvent être longues ou courtes. Ceci est valable aussi pour les nasales [m] et [n], la latérale sonore [l] et la vibrante sonore [r]. Toutes les autres consonnes sont le plus souvent courtes, soit : [pʰ], [tʰ], [cʰ], [kʰ], [v], [θ], [ð], [ç], [j], [x], [ɣ], [h], [m̥], [n̥], [ɲ], [ɲ̊], [ŋ], [ŋ̊], [l̥], et [r̥].

Attention, les consonnes ne sont jamais longues lorsqu'elles sont à côté d'une autre consonne, uniquement entre deux voyelles ou en fin de mot !

Le a

Le **a** se prononce comme [au] devant **-ng** et **-nk** : **langur**, *long*.
Le **a** se prononce comme [ai] devant **-gi** : **á ferðalagi**, *en voyage*.

Le f et les différentes prononciations

Le f se prononce comme en français, [f] lorsqu'il précède **t**, **k** et **s** et quand il est doublé **-ff-** : **aftur**, *encore* ; **kaffi**, *café*.

Mais à l'intérieur d'autres mots, et quand il est en fin de mot, il se prononce [v] : **afi**, *grand-père* ; **þarf**, *doit*.

À l'intérieur d'un mot, devant **l** et **n**, il se prononce souvent comme un [p] : **höfnin**, *le port*.

Le g et les différentes prononciations
Le **g** se prononce [k] à l'initiale devant **a**, **á**, **o**, **ó**, **u**, **ú**, **ö** et devant une consonne.
Le **g** se prononce [c] à l'initiale devant **e**, **i**, **í**, **y**, **ý**, **æ**, **j**.
Le **g** se prononce [x] à l'intérieur d'un mot devant **a**, **á**, **o**, **ó**, **u**, **ú**, **ö** et **ð**, **r**, **s**, **t** et en fin de mot.
Le **g** se prononce [ɣ] après une voyelle et parfois devant **i** ou **j**.
Le **g** forme le son [yi] avec un **u** devant un **i**, et le son [oi] avec un **o** devant un **i**.

Le h
Le **h** est fortement aspiré et change le son de certaines consonnes quand il les devance :
hj- se prononce [ç] : **hjá**, *chez*
hn- se prononce [n̥] : **hné**, *genou*
Le **h** se prononce [k^h] devant le **v** : **hver**, *qui*.

Le i et le y
Les **i** et **y** se prononcent comme [i] devant **-ng**, **-nk** et **-gi**.

Le k
Le **k** se prononce comme [c^h] à l'initiale devant **e**, **i**, **í**, **j**, **y**, **ý**, et **k**.
Le **k** se prononce comme [x] à l'intérieur d'un mot devant **s** et **t**.
Le double **k** est prononcé avec un premier **k** qui est aspiré : **ekki**, *ne pas*.

Double l
Le double **l** est souvent prononcé comme [tl̥] : **öngull**, *hameçon* ; **sæll**, *bonjour* ; **fullkomið**, *parfait*.
Mais parfois il est prononcé comme [l:] : **halló**, *salut*, **Palli** *(le surnom)*.
Avant un **t**, il est court et sourd, [l̥] : **allt**, *tout*, **alltaf**, *toujours*.

Double n
Le double **n** est prononcé comme [tn̥] après **á**, **é**, **í**, **ó**, **ú**, **ý**, **æ**, **au**, **ei** et **ey** : **seinn**, *en retard* ; **kaffiþjónn**, *barista* ; **jólasveinn**, *père Noël*.
Sinon, il est prononcé comme un [n:] : **annar**, *autre*.

Le p
Le **p** est aspiré à l'intérieur d'un mot avant **l**, **n** ou **p** [hp] : **stoppar**, *arrête*.
Le **p** se prononce [f] devant un **t** : **keypti**, *acheté*.

Le u
Le **u** se prononce comme [u] devant **-ng** et **-nk** et **-gi** : **sungið**, *chanté*.

Le þ et le ð
Le **þ** correspond au *th* anglais sourd, dit doux, [θ] : **þegar**, *quand*.
Le **ð** correspond au *th* anglais sonore, dit dur [ð] : **eða**, *ou*.

Maintenant que vous êtes au fait de la prononciation, écoutez une par une les lettres de l'alphabet enregistrées suivies de mot-exemple et répétez-les à haute voix.

I. SALUTATIONS ET PREMIERS CONTACTS

II. LA VIE QUOTIDIENNE

1. PRISE DE CONTACT — 21
2. FAIRE CONNAISSANCE — 31
3. EMPLOIS, ACTIVITÉS, ÉTUDES — 41
4. PRÉSENTATIONS — 51
5. LA FAMILLE — 59
6. SE QUITTER — 69
7. RETROUVAILLES — 79

8. RENDEZ-VOUS AVEC UN AMI — 93
9. ÊTRE EN RETARD — 103
10. LA ROUTINE — 113
11. AIMER — 123
12. CUISINE — 133
13. INVITATION — 143

III. EN VILLE

14.
S'ORIENTER EN VILLE   155

15.
SE DÉPLACER   165

16.
FAIRE DU SHOPPING   175

17.
AVENT ET NOËL   185

18.
LA BANQUE –
LE BUREAU DE POSTE   197

19.
ALLER À L'HÔPITAL   207

IV. LES LOISIRS

20.
LE SPORT   221

21.
RANDONNÉE   231

22.
À BICYCLETTE   241

23.
LA PÊCHE   249

24.
À LA FERME   259

25.
INFORMATIQUE   267

I
SALUTATIONS ET PREMIERS CONTACTS

1.
PRISE DE CONTACT

AÐ KYNNA SIG

OBJECTIFS

- SALUER
- DONNER SON NOM
- SITUER
- DEMANDER QUELQUE CHOSE
- MERCI !

NOTIONS

- LES PRONOMS PERSONNELS
- LES FORMULES DE POLITESSE
- LE PRÉSENT DE L'INDICATIF DES VERBES ÊTRE ET S'APPELER

BONJOUR, JE M'APPELLE JÓHANN !

JÓHANN : Bonjour.

BIRNA : Bonjour [litt. Venez heureux].

JÓHANN : Je m'appelle Jóhann Guðmundsson. Comment tu t'appelles ?

BIRNA : Je m'appelle Birna Jónsdóttir. Enchantée. [litt. Amusant de vous rencontrer]

JÓHANN : Oui, de même. Ce café est parfait pour un rendez-vous.

BIRNA : Merci. Qu'est-ce que je t'offre ?

JÓHANN : Je peux avoir du café ?

BIRNA : Oui, voilà.

JÓHANN : Merci !

03 GÓÐAN DAGINN, ÉG HEITI JÓHANN!

JÓHANN: Góðan dag.

BIRNA: Komdu sæll.

JÓHANN: Ég heiti Jóhann Guðmundsson. Hvað heitir þú?

BIRNA: Ég heiti Birna Jónsdóttir. Gaman að kynnast þér.

JÓHANN: Já, sömuleiðis. Þetta er fullkomið kaffihús fyrir stefnumót.

BIRNA: Takk. Hvað má bjóða þér?

JÓHANN: Má ég fá kaffi?

BIRNA: Já, gjörðu svo vel.

JÓHANN: Takk!

COMPRENDRE LE DIALOGUE
SALUTATIONS DIVERSES

Il y a mille manières de saluer quelqu'un en islandais ! Pourtant, on ne salue pas systématiquement, ce n'est pas considéré comme important ou impoli, contrairement aux règles d'usages françaises. On n'est pas obligé de dire bonjour aux gens quand on entre dans un lieu comme un ascenseur ou une salle d'attente par exemple. Le plus souvent, il suffit de dire **hæ!** (*salut*) quand on croise quelqu'un que l'on connaît. Quand on répond au téléphone, on dit : **Halló!** (*allô*). Pour être poli ou formel, on dit **góðan dag** (*bonjour*) ou **gott kvöld** (*bonsoir*). Et bien d'autres variations sont utilisées pour bénir notre interlocuteur, variables selon son genre : **Komdu sæl/komdu sæll** (*viens heureuse/heureux*), **komdu blessuð/blessaður** (*viens bénie/béni*), **sæl/sæll** (*heureuse/heureux*), **heil og sæl/heill og sæll** (*entière et heureuse/entier et heureux*)… Toutes ces formules veulent dire bonjour et ce ne sont que quelques formules parmi tant d'autres !

À suivre, le tableau de déclinaison du mot *jour* – **dagur** :

	sing.	plur.
nom.	dagur	dagar
acc.	dag	daga
dat.	degi	dögum
gén.	dags	daga

N'oubliez pas que l'islandais est une langue à déclinaisons, vous trouverez le maximum d'exemples dans cet ouvrage, soit dans les clés du dialogue ou dans la grammaire, puis dans la partie vocabulaire.

PRÉNOMS

En Islande, les gens s'interpellent toujours par leur prénom et utilisent des patronymes en guise de nom de famille. Il est coutumier de se présenter en renseignant son propre prénom puis celui de son père accompagné du suffixe **son** (*fils de*) ou **dóttir** (*fille de*). Ici, **Birna Jónsdóttir** = *fille de Jón* ; et **Jóhann Guðmundsson**, *fils de Guðmundur*. Le patronyme change par conséquent à chaque génération ! Dans l'annuaire, les gens sont ainsi classés par prénom. Cette coutume ancestrale perdure en Islande là où les pays voisins comme la Suède, la Norvège ou le Danemark ont peu à peu abandonné cet héritage pour le système de la lignée familiale. Les noms de famille sont donc rares en Islande mais il y en a quelques-uns, pour la plupart hérités de parents d'origine étrangère ou noms d'adoption.

Attention, les prénoms se déclinent aussi. Par exemple, dans le patronyme, le prénom est au génitif. Voici le tableau de déclinaisons des prénoms de **Jóhann** et de **Birna** :

nom.	Jóhann	Birna
acc.	Jóhann	Birnu
dat.	Jóhanni	Birnu
gén.	Jóhanns	Birnu

FORMULES DE POLITESSE

Les formules de politesse sont rarement utilisées en Islande, du moins à l'oral. Pour demander gentiment, il suffit généralement d'utiliser un ton… gentil. Pas facile pour les étrangers ! La raison est simple : la formule équivalente à *s'il te plaît* (ou ***please*** en anglais) est celle-ci : **Ef þú vildir gjöra svo vel** [litt. Si tu voudrais faire si bien].. C'est long, c'est compliqué, on a donc éliminé cette formule de la langue parlée. Elle n'est employée, sous forme contractée, que lorsqu'on remet quelque chose à quelqu'un : **Gjörðu svo vel**, *Voilà/Tenez* [litt. fais si bien].

NOTE CULTURELLE

On se tutoie ?

Le vouvoiement a disparu de la langue parlée en Islande. Il existe, mais ne vit dans la mémoire des locuteurs que *via* la poésie et la littérature d'avant le XXe siècle. On se tutoie, et on s'apostrophe par les prénoms : deux habitudes qui font qu'on a moins le sentiment, par rapport à d'autres pays, de l'existence de classes sociales et d'élites !

◆ GRAMMAIRE
DÉCLINAISONS - PRONOMS PERSONNELS

L'Islandais est une langue flexionnelle : il y a quatre cas (nominatif, accusatif, datif et génitif), trois genres (masculin, féminin, neutre), deux nombres (singulier, pluriel). Ce sont les prépositions ou des verbes qui définissent le cas.

1ʳᵉ personne

cas	sing. -*je*	plur. -*nous*
nom.	ég	við
acc.	mig	okkur
dat.	mér	okkur
gén.	mín	okkar

2ᵉ personne

cas	sing. -*tu*	plur. -*vous*
nom.	þú	þið
acc.	þig	ykkur
dat.	þér	ykkur
gén.	þín	ykkar

3ᵉ personne

cas	sing. -*il/elle*/neutre	plur. -*ils/elles*/neutre
nom.	hann/hún/það	þeir/þær/þau
acc.	hann/hana/það	þá/þær/þau
dat.	honum/henni/því	þeim/þeim/þeim
gén.	hans/hennar/þess	þeirra/þeirra/þeirra

Exemples – pronom personnel **þú**/*tu* :
Hvað heitir þú? – *Comment tu t'appelles ?* (nominatif)
Gaman að kynnast þér. – *Enchanté de te rencontrer.* (datif)

▲ CONJUGAISON

QUELQUES VERBES USUELS :

L'infinitif des verbes se forme avec **að** + le radical du verbe + **a** → **að vera**, *être*, **að heita**, *s'appeler*.

Le verbe **að vera**, *être*, au présent de l'indicatif :

Ég er	*Je suis*
Þú ert	*Tu es*
Hann/Hún/Það er	*Il/Elle/neutre est*
Við erum	*Nous sommes*
Þið eruð	*Vous êtes*
Þeir/Þær/Þau eru	*Ils/Elles/neutre sont*

Le verbe **að heita**, *s'appeler*, au présent de l'indicatif, se conjugue ainsi :

Ég heiti	*Je m'appelle*
Þú heitir	*Tu t'appelles*
Hann/Hún/Það heitir	*Il/Elle/neutre s'appelle*
Við heitum	*Nous nous appelons*
Þið heitið	*Vous vous appelez*
Þeir/Þær/Þau heita	*Ils/Elles/neutre s'appellent*

Vous trouverez en fin d'ouvrage tous les corrigés des exercices proposés dans les modules. Les exercices enregistrés sont signalés par le pictogramme 🔊 accompagné du n° de la piste en streaming. Ils se trouvent sur la même piste que le dialogue de la leçon, à la suite de celui-ci ; ils portent donc le même numéro de piste.

● EXERCICES

1. COMPLÉTEZ EN CONJUGUANT LE VERBE *ÊTRE* (AÐ VERA) :

a. Ég ....Jóhann.

b. Hann ....Jóhann.

c. Hún .... Birna.

d. Þú .... Birna.

2. ÉCOUTEZ ET RETRANSCRIVEZ LES PHRASES :

a. Ég .... Jóhann.

b. Hann .... Jóhann.

c. Hún .... Birna.

d. Þú .... Birna.

VOCABULAIRE

Les noms seront présentés dans l'ordre habituel des cas de déclinaisons : nominatif, accusatif, datif et génitif. La forme rencontrée dans le texte est présentée en blanc.

góðan dag *bonjour* [litt. *bon + jour*]
komdu sæll *bonjour* [litt. *venez béni*]
komdu ; að koma *viens ; venir*
sæll *heureux*
ég *je/moi*
heiti ; að heita *m'appelle ; s'appeler*
hvað *comment/que*
þú *tu/toi*
Gaman að kynnast þér *Enchanté/e.* [litt. *Amusant de vous rencontrer*]
gaman *amusant*
að *particule de l'infinitif*
kynnast ; að kynna *rencontrer, faire connaissance ; présenter*
sömuleiðis *de même*
þetta *ce*
er ; að vera *est ; être*
fullkomið *parfait* (neutre)
kaffihús, kaffihús, kaffihúsi, kaffihúss ; kaffihús, kaffihús, -um, -a *café* [litt. *maison de café*] ; *cafés*
fyrir *pour*
stefnumót, stefnumót, stefnumóti, stefnumóts ; stefnumót, stefnumót, -um, -a *rendez-vous ; rendez-vous* (pl.)
takk *merci*
má; að mega *peux ; pouvoir*
að bjóða *offrir*
að fá *avoir*
kaffi, kaffi, kaffi, kaffis *café* (la boisson)
já *oui*
gjörðu svo vel *voilà* (expression de politesse)
gjörðu ; að gera *fais ; faire*
svo *si/alors*
vel *bien*

2. FAIRE CONNAISSANCE

AÐ KYNNAST NÁNAR

OBJECTIFS

- DEMANDER ET DONNER L'ÂGE
- POSER ET RETOURNER UNE QUESTION
- PARLER DE SOI, DE SON ENTOURAGE

NOTIONS

- LES CONTRACTIONS VERBALES DEUXIÈME PERSONNE
- COMPARER
- L'AUXILIAIRE AVOIR
- LE VERBE VOULOIR

TU AS QUEL ÂGE ?

JÓHANN : Tu as quel âge, Birna ?

BIRNA : J'ai vingt-deux ans. Et toi, tu as quel âge ?

JÓHANN : J'ai vingt-neuf ans. J'ai trente ans en juin.

BIRNA : Tu es plus âgé que moi. Tu fêtes ton [grand] anniversaire ?

JÓHANN : Oui, bien sûr.

BIRNA : Tu as une grande famille ?

JÓHANN : Oui, j'ai une sœur plus jeune, et deux frères ainés. Et beaucoup d'amis.

BIRNA : Ça va être une grande fête.

JÓHANN : Oui, c'est clair. Tu veux venir ?

04 HVAÐ ERTU GÖMUL, HVAÐ ERTU GAMALL?

JÓHANN: Hvað ertu gömul Birna?

BIRNA: Ég er tuttugu og tveggja ára. En þú, hvað ert þú gamall?

JÓHANN: Ég er tuttugu og níu ára. Ég er þrjátíu ára í júní.

BIRNA: Þú ert eldri en ég. Heldur þú upp á stórafmælið?

JÓHANN: Já, auðvitað.

BIRNA: Áttu stóra fjölskyldu?

JÓHANN: Já, ég á eina yngri systur og tvo eldri bræður. Og stóran vinahóp.

BIRNA: Þetta verður risaveisla.

JÓHANN: Já, það er ljóst. Viltu koma?

■ COMPRENDRE LE DIALOGUE
LES NOMBRES

En islandais, il y a une spécificité autour des nombres.
Les nombres de 1 à 4 se déclinent et s'accordent au genre (masculin, féminin, neutre).
Regardons par exemple *deux frères* :
Þeir eru **tveir bræður.** *Ils sont deux frères.* (nominatif)
Ég á **tvo bræður.** *J'ai deux frères.* (accusatif)
Ég á **tveimur bræðrum** fleiri en þú. *J'ai deux frères de plus que toi.* (datif)
Þetta er **tveggja bræðra** saga. *C'est l'histoire de deux frères.* (génitif)
À partir de cinq, c'est plus facile : **fimm bræður**, **fimm bræðrum** et **fimm bræðra**. Le nombre reste sagement dans sa forme figée. Mais attention, il faut tout de même accorder quand les chiffres de 1 à 4 réapparaissent à partir de vingt et un, et à chaque nouvelle dizaine. La première dizaine, c'est comme en français, onze à quatorze ont leur forme propre.
Récapitulatif :

1 Einn, ein, eitt	11 Ellefu	21 Tuttugu og einn/ein/eitt
2 Tveir, tvær, tvö	12 Tólf	22 Tuttugu og tveir/tvær/tvö
3 Þrír, þrjár, þrjú	13 Þrettán	30 Þrjátíu
4 Fjórir, fjórar, fjögur	14 Fjórtán	40 Fjörutíu
5 Fimm	15 Fimmtán	50 Fimmtíu
6 Sex	16 Sextán	60 Sextíu
7 Sjö	17 Sautján	70 Sjötíu
8 Átta	18 Átján	80 Áttatíu
9 Níu	19 Nítján	90 Níutíu
10 Tíu	20 Tuttugu	100 Hundrað

Le *zéro* se dit **núll** – et ne se décline pas.

L'ÂGE - L'ANNIVERSAIRE

Pour dire son âge, on utilise le verbe être et non le verbe avoir (comme en français) ce que l'on retrouve dans la langue anglaise par exemple.
Un an se dit **eins árs**, mais *deux ans* = **tveggja ára**.

árs n'est employé que pour la première année, ensuite on utilise le nombre + **ára** (le substantif **ár** au pluriel, génitif).
Comme il a été dit plus haut, les nombres de 1 à 4 se déclinent, il ne faut donc pas oublier de les décliner au génitif quand on dit son âge : **eins, tveggja, þriggja, fjögurra**.
Lorsqu'on dit son âge, on peut ajouter **gamall/gömul** après. Une comparaison peut-être à nouveau faite avec l'anglais : c'est la même chose que « *years old* », qui est facultatif également dans la phrase.
Jóhann aurait pu dire :
Ég er tuttugu og níu ára gamall.
Birna aurait pu dire :
Ég er tuttugu og tveggja ára gömul.
On dit **afmæli** pour *anniversaire* mais on peut dire **stórafmæli** pour les anniversaires qui ouvrent vers une nouvelle décennie (10, 20, 30…).

	sing. *anniversaire*	plur. *anniversaires*
nom.	afmæli	afmæli
acc.	afmæli	afmæli
dat.	afmæli	afmælum
gén.	afmælis	afmæla

LES MOIS

Dans le dialogue, le mois de juin est évoqué. Découvrez les autres mois de l'année :

janvier	**janúar**	*juillet*	**júlí**
février	**febrúar**	*août*	**ágúst**
mars	**mars**	*septembre*	**september**
avril	**apríl**	*octobre*	**október**
mai	**maí**	*novembre*	**nóvember**
juin	**júní**	*décembre*	**desember**

Remarquez que ces mots n'ont pas de déclinaisons. Les termes d'origine étrangère, comme ici issu du latin, ont en général une forme figée. Mais attention aux exceptions ! Vous allez vite vous apercevoir que l'islandais aime les particularités.

NOTE CULTURELLE

La jeune Islande

L'Islande est un territoire relativement récent. Il semblerait que cette île ait surgi il y a environ 20 millions d'années. Un jeune âge en comparaison de la Terre, née il y a plus de 4 milliards d'années. À l'origine de la naissance de ce territoire devenu pays… les volcans ! D'éruptions en éruptions, ils ont façonné l'Islande aux paysages uniques. L'île la plus jeune du pays, Surtsey, est née le 14 novembre 1963.

◆ GRAMMAIRE
LES CONTRACTIONS VERBALES

Certains verbes peuvent être contractés à la 2e personne à la forme interrogative, mais ce n'est ni obligatoire ni systématique. Il s'agit plutôt de langage parlé, mais les contractions verbales se retrouvent néanmoins de plus en plus dans la prose écrite. Un autre point commun avec la langue de Shakespeare.

Pour la contraction, le pronom personnel **þú** est affaibli : *tu*, devient un suffixe **-u** (et parfois **-ðu**).

Ert þú? *Es-tu ?* → **Ertu?** *T'es ?*

LE COMPARATIF ET LE SUPERLATIF

Pour comparer, il est rare de recourir à un auxiliaire (plus/moins) en islandais. Seule l'égalité se sert de l'auxiliaire **jafn** (*également*), que l'on place devant l'adjectif.

Pour comparer, on ajoute le suffixe **-ri** au radical de l'adjectif. Pour les superlatifs, l'adjectif termine par **-stur**.

Regardons les deux adjectifs du dialogue, **ungur** et **gamall** :
→ **Ungur–yngri–yngstur** (*jeune, plus jeune, le plus jeune*) →
Jafn ungur (*aussi jeune*)
→ **Gamall–eldri–elstur** (*vieux, plus vieux, le plus vieux*) →
Jafn gamall (*aussi vieux, le même âge*)

Remarquez que la voyelle initiale est influencée et change. On parle de métaphonie ou alternance vocalique.

▲ CONJUGAISON

AÐ EIGA, AVOIR

Le verbe **að eiga**, *avoir*, au présent de l'indicatif se conjugue ainsi :

Ég á	J'ai
Þú átt	Tu as
Hann/Hún/Það á	Il/Elle/neutre a
Við eigum	Nous avons
Þið eigið	Vous avez
Þeir/Þær/Þau eiga	Ils/Elles/neutre ont

Remarquez la contraction à la deuxième personne de la forme interrogative :
Átt þú? *Tu as ?* → **Áttu?**

AÐ VILJA, VOULOIR

Le verbe *vouloir* au présent de l'indicatif :

Ég vil	Je veux
Þú vilt	Tu veux
Hann/Hún/Það vill	Il/Elle/neutre veut
Við viljum	Nous voulons
Þið viljið	Vous voulez
Þeir/Þær/Þau vilja	Ils/Elles/neutre veulent

Remarquez la contraction à la deuxième personne de la forme interrogative :
Vilt þú? *Tu veux ?* → **Viltu?**

⬢ EXERCICES

1. INSÉREZ LE NOMBRE DANS SA FORME ADÉQUATE :

a. Jóhann á .... systkin. (3)

b. Jóhann er .... ára. (29)

c. Hann er .... í júní. (30)

d. Birna er .... ára. (22)

2. ÉCOUTEZ LES PHRASES, LISEZ-LES À HAUTE VOIX PUIS REMPLACEZ LA FORME COMPLÈTE DU VERBE PAR LA CONTRACTION :

a. Hvað ert þú gömul ?

....

b. Átt þú mörg systkin ?

....

c. Hvað vilt þú gera í júní ?

....

d. Heldur þú upp á afmælið í júní?

....

VOCABULAIRE

gömul, gamall *âgée, âgé/vieux*
tuttugu og tveggja *vingt-deux*
ár, ár, ári, árs / ár, ár, árum, ára *an / ans*
tuttugu og níu *vingt-neuf*
þrítugur *trente ans*
í *dans/en*
júní *juin*
eldri ; gamall *plus âgé, aîné ; âgé/vieux*
en *mais*
halda upp á *fêter (expression courante)*
stórafmæli *grand anniversaire/anniversaire des dizaines*
áttu ; að eiga *t' as ; avoir*
stóra ; stór *grande ; grand*
fjölskylda, fjölskyldu, -u, -u ; fjölskyldur, -ur, -um, -na *famille ; familles*
eina *une*
systir, systur, -ur, -ur ; systur, -ur, -rum, -ra *sœur ; sœurs*
yngri ; ungur *plus jeune ; jeune*
bróðir, bróður, -ur, -ur ; bræður, -ur, -rum, -ra *frère ; frères*
stóran ; stór *grand ; grand*
vinahópur, vinahóp, -i, -s ; vinahópar, -a, -um, -a *groupe d'amis ; groupes d'amis*
vinur, vin, -i, -ar ; vinir, -i, -um, vina *ami ; amis*
hópur, hóp, -i, -s ; hópar, -a, -um, -a *groupe ; groupes*
verður ; að verða *devient ; devenir*
risaveisla *grande fête*
veisla, -u, -u, -u ; veislur, -ur, -um, -na *fête ; fêtes*
ljóst ; ljós *clair ; clair*
viltu ; að vilja *tu veux ; vouloir*
að koma *venir*

3. EMPLOIS, ACTIVITÉS, ÉTUDES

NÁM OG STARF

OBJECTIFS	**NOTIONS**
- DEMANDER ET DIRE CE QU'ON FAIT DANS LA VIE - DÉSIGNER QUELQUES NATIONALITÉS, LANGUES, PAYS - LES SAISONS	- LES VERBES FAIRE, TRAVAILLER, PARLER - NOMS D'HABITANTS, LANGUES, PAYS - L'ARTICLE DÉFINI ET LES PRÉPOSITIONS

QU'EST-CE QUE TU FAIS DANS LA VIE ?

BIRNA : Qu'est-ce que tu fais dans la vie, Jóhann ?

JÓHANN : Je suis designer.

BIRNA : Tu es designer en Islande ?

JÓHANN : Non, je travaille au Danemark.

BIRNA : Tu parles le danois ?

JÓHANN : Oui. Je parle le danois, l'anglais, et je connais quelques mots de français. J'adore la France ! Et toi, tu fais quoi ?

BIRNA : Je suis étudiante en géologie à l'Université d'Islande.

JÓHANN : Et tu travailles où pendant les vacances d'été ?

BIRNA : Chez Météo Islande, dans la surveillance des volcans.

JÓHANN : Ça alors ! C'est un travail intéressant.

BIRNA : Oui, c'est le meilleur travail au monde ! [litt. c'est le travail le plus amusant]

05 — HVAÐ GERIR ÞÚ?

BIRNA: Hvað gerir þú Jóhann?

JÓHANN: Ég er hönnuður.

BIRNA: Ert þú hönnuður á Íslandi?

JÓHANN: Nei, ég vinn í Danmörku.

BIRNA: Talarðu dönsku?

JÓHANN: Já, ég tala dönsku, ensku og nokkur orð í frönsku. Ég er svo hrifinn af Frakklandi! En þú, hvað gerir þú?

BIRNA: Ég er að læra jarðfræði í Háskóla Íslands.

JÓHANN: Og hvar vinnur þú í sumarfríinu?

BIRNA: Ég vinn á Veðurstofu Íslands, á eldfjallavaktinni.

JÓHANN: Ja hérna! Það er spennandi vinna.

BIRNA: Já, þetta er skemmtilegasta vinnan!

COMPRENDRE LE DIALOGUE
FAIRE QUELQUE CHOSE [DANS LA VIE]

Il n'y a pas besoin d'ajouter « dans la vie » quand on demande la profession/occupation d'une personne en islandais. Il suffit de dire : **Hvað gerir þú ?** *Qu'est-ce que tu fais ?* (il est sous-entendu « dans la vie »).

Pour demander ce que la personne est en train de faire à l'instant T, on dit : **Hvað ertu að gera ?** *Qu'est-ce que tu fais (en ce moment).*
Dans cette phrase, nous trouvons le verbe auxiliaire *être* conjugué et l'infinitif du verbe *faire*.

NOMS DES HABITANTS, LES LANGUES ET LES PAYS

Pour désigner un pays et ses habitants, la majuscule est de rigueur. S'il s'agit de la langue ou de l'adjectif, la minuscule suffit, comme dans la langue française. Quand on a un doute, l'astuce est de se rappeler que les mots qui contiennent **-sk-** (**danska**, **franska**…) sont en minuscule.

L'islandais ne distingue pas de genre dans les nationalités, c'est toujours le genre masculin. Pour parler d'une française, il faut utiliser : adjectif + femme = **frönsk kona**, *[femme] française*.

La dénomination d'une langue est toujours au singulier féminin, et la déclinaison est très régulière.

Quelques exemples :

pays			
nom.	acc.	dat.	gén.
Danmörk *Danemark*	**Danmörku**	**Danmörku**	**Danmerkur**
Frakkland *France*	**Frakkland**	**Frakklandi**	**Frakklands**
Ísland *Islande*	**Ísland**	**Íslandi**	**Íslands**
England *Angleterre*	**England**	**Englandi**	**Englands**

habitant – sing.			
nom.	acc.	dat.	gén.
Dani *Danois*	**Dana**	**Dana**	**Dana**
Frakki *Français*	**Frakka**	**Frakka**	**Frakka**
Íslendingur *Islandais*	**Íslending**	**Íslendingi**	**Íslendings**
Englendingur *Anglais*	**Englending**	**Englendingi**	**Englendings**

habitants – plur.			
nom.	acc.	dat.	gén.
Danir	**Dani**	**Dönum**	**Dana**
Frakkar	**Frakka**	**Frökkum**	**Frakka**
Íslendingar	**Íslendinga**	**Íslendingum**	**Íslendinga**
Englendingar	**Englendinga**	**Englendingum**	**Englendinga**

langue			
nom.	acc.	dat.	gén.
danska *danois*	**dönsku**	**dönsku**	**dönsku**
franska *français*	**frönsku**	**frönsku**	**frönsku**
íslenska *islandais*	**íslensku**	**íslensku**	**íslensku**
enska *anglais*	**ensku**	**ensku**	**ensku**

LES SAISONS

Le dialogue mentionne la saison estivale, voici les 4 saisons en islandais :
- → **Vor, vor, vori, vors**, *printemps* ; **vor, vor, vorum, vora**, *printemps* (pl.)
- → **Sumar, sumar, sumri, sumars**, *été* ; **sumur, sumur, sumrum, sumra**, *étés*

→ **Haust, haust, hausti, hausts**, *automne* ; **haust, haust, haustum, hausta**, *automnes*
→ **Vetur, vetur, vetri, veturs**, *hiver* ; **vetur, vetur, vetrum, vetra**, *hivers*

On dit souvent qu'il n'y a que deux saisons en Islande : l'hiver et les deux semaines d'été ! La lumière est un vrai indicateur des saisons. Dès la mi-août, les soirées s'assombrissent, le soleil se couche de plus en plus tôt, jusqu'à ne plus se lever sauf pour faire un tout petit coucou à midi, en décembre. Si Noël est une grande fête en Islande, c'est surtout parce que la lumière revient… les journées commencent à rallonger de nouveau, et ça fait du bien !

NOTE CULTURELLE

Le système éducatif en Islande, n'est pas très éloigné du système français. L'obligation d'aller à l'école commence à 6 ans. À 13 ans, les Islandais passent du primaire au collège, et à 16 ans, ils peuvent quitter l'école, ou continuer vers divers types de lycées professionnels ou traditionnels. Il existe des lycées qui proposent des options à la carte, **fjölbraut**, où l'élève va à son rythme et choisit son parcours selon ses envies.

Il y a 4 universités en Islande : **Háskóli Íslands**, **Háskólinn í Reykjavík**, **Háskólinn á Bifröst** et **Háskólinn á Akureyri**. Beaucoup d'Islandais font leurs études ou bien une partie des études à l'étranger.

école primaire : **grunnskóli**
collège : **gagnfræðaskóli**
lycée : **framhaldsskóli** (général), **menntaskóli** (lycée), **iðnskóli** (lycée pro), **fjölbrautaskóli** (lycée à système souple)
université : **háskóli**

GRAMMAIRE
L'ARTICLE DÉFINI

Voici la grille de déclinaisons de l'article défini *le/la/les*. L'article défini s'ajoute généralement comme suffixe au mot. Il peut être utilisé dans un langage soutenu voire poétique :
Hin skemmtilega vinna – *le travail amusant* (c'est rare de le voir utilisé ainsi).

singulier	masculin	féminin	neutre
	le	la	
nom.	hinn	hin	hið
acc.	hinn	hina	hið
dat.	hinum	hinni	hinu
gén.	hins	hinnar	hins

pluriel	masculin	féminin	neutre
	les	les	les
nom.	hinir	hinar	hin
acc.	hina	hinar	hin
dat.	hinum	hinum	hinum
gén.	hinna	hinna	hinna

Cette grille peut servir de repère pour déterminer le suffixe à employer.
Exemples :
Masculin : **hönnuður** – *designer* ; **hönnuðurinn** – *le designer*
Féminin : **vinna** – *travail* ; **vinnan** - *le travail*
Neutre : **sumarfrí** – *vacances d'été* – **sumarfríið** – *les vacances d'été*

PRÉPOSITIONS Í ET Á

La traduction des prépositions est assez difficile en français, car en islandais, les prépositions sont choisies en fonction du contexte. La préposition islandaise détermine le cas du mot qui la suit. Certaines prépositions exigent un seul cas (accusatif ou datif ou génitif), là où d'autres peuvent exiger deux cas, toujours selon le contexte :
í stofunni – *dans le salon/au salon* ; **í stofuna** *[aller] dans/vers le salon*.
Nous avons vu deux prépositions dans ce dialogue :
í – *dans, en, à, au,* et **á** – *sur, en, à*
Exemples :
Ert þú hönnuður á Íslandi? – *Tu es designer en Islande ?*
Nei, ég vinn í Danmörku. – *Non, je travaille au Danemark.*
Ég er í Háskóla Íslands. – *Je suis à l'Université d'Islande.*

▲ CONJUGAISON
LE VERBE AÐ GERA – *FAIRE*

Ég geri	Je fais
Þú gerir	Tu fais
Hann/Hún/Það gerir	Il/Elle/neutre fait
Við gerum	Nous faisons
Þið gerið	Vous faîtes
Þeir/Þær/Þau gera	Ils/Elles/neutre font

Remarquez la contraction à la 2ᵉ personne à la forme interrogative : **Gerirðu?** *Tu fais ?*

LE VERBE AÐ VINNA – *TRAVAILLER*

Ég vinn	Je travaille
Þú vinnur	Tu travailles
Hann/Hún/Það vinnur	Il/Elle/neutre travaille
Við vinnum	Nous travaillons
Þið vinnið	Vous travaillez
Þeir/Þær/Þau vinna	Ils travaillent

Remarquez la contraction à la 2ᵉ personne à la forme interrogative : **Vinnurðu?** *Tu travailles ?*

LE VERBE AÐ TALA – *PARLER*

Ég tala	Je parle
Þú talar	Tu parles
Hann/Hún/Það talar	Il/Elle/neutre parle
Við tölum	Nous parlons
Þið talið	Vous parlez
Þeir/Þær/Þau tala	Ils/Elles/neutre parlent

Remarquez la contraction à la 2ᵉ personne à la forme interrogative : **Talarðu?** *Tu parles ?*

Emplois, activités, études

● VOCABULAIRE

gerir ; að gera fait ; faire
hönnuður, hönnuð, -i, -ar ;
  hönnuðir, -i, -um, -a designer ;
  designers
á en, sur, dans…
Íslandi Islande
í au, dans…
Danmörku Danemark
talarðu ; að tala tu parles ; parler
dönsku ; danska le danois ; danois
ensku ; enska l'anglais ; anglais
frönsku ; franska le français ;
  français
hrifinn ému
ég er hrifinn ; að vera hrifinn
  j'adore ; adorer
svo si
en mais
að læra apprendre
jarðfræði géologie
Háskóli Íslands Université d'Islande
skóli, -a, -a, -a ; skólar, skóla,
  skólum, skóla école ; écoles
og et
hvar où
vinnur ; að vinna travailles ;
  travailler
sumarfríinu ; sumarfrí les
  vacances d'été ; vacances d'été
sumar été
frí vacances
Veðurstofa Íslands Météo Islande
eldfjallavakt(in), eldfjallavakt(ina), eldfjallavakt(inni),
  eldfjallavaktar(innar) ;
  eldfjallavaktir(nar), eldfjallavaktir(nar),
  eldfjallavöktu(nu)m,
  eldfjallavakta(nna) (la)
  surveillance des volcans ; (les)
  surveillances des volcans
eldfjall, eldfjall, eldfjalli,
  eldfjalls ; eldfjöll, eldfjöll,
  eldfjöllum, eldfjalla volcan ;
  volcans
vakt, vakt, vakt, -ar ; vaktir,
  vaktir, vöktum, vakta,
  surveillance ; surveillances
Ja hérna ! Ça alors !
spennandi intéressant/excitant
skemmtilegasta ; skemmtilegur
  la plus amusante ; amusant
vinna(n), -u(na), -u(nni), -u(nnar)
  (le) travail

⬢ EXERCICES

1. REMPLISSEZ LE TABLEAU AU NOMINATIF SINGULIER SANS ET AVEC ARTICLE, ENSUITE AU PLURIEL SANS ET AVEC ARTICLE :

Vetur			Haust
	Vorið		
		Sumur	
Veturnir			

2. ÉCOUTEZ LES QUESTIONS, RÉPÉTEZ-LES ET RÉPONDEZ AUX QUESTIONS AVEC UNE PHRASE COMPLÈTE.

05

a. Hvað gerir Jóhann? ....

b. Hvað gerir Birna? ....

c. Hvar vinnur Jóhann? ....

d. Hvar er Birna að læra? ....

e. Hvaða tungumál talar Jóhann? ....

4. PRÉSENTATIONS
AÐ KYNNA AÐRA MANNESKJU

OBJECTIFS

- PRÉSENTER UN TIERS
- SE PRÉSENTER
- S'EXCUSER
- FORMULES DE POLITESSE (BIS)
- S'EXCLAMER

NOTIONS

- LE VERBE VENIR
- LE FUTUR
- LES ANGLICISMES

ENCHANTÉ

BIRNA : Tiens, voilà mon frère ! Yngvi !

YNGVI : Ah, salut sœur, toi ici ?

BIRNA : Oui, je prends un café.

YNGVI : Cool ! Moi, je travaille ici pendant l'été [litt. dans l'été], comme barista.

BIRNA : C'est bien, je vais alors venir plus souvent. Je peux réviser mes cours.

YNGVI : Tu ne vas pas à la bibliothèque ? Tu ne veux pas nous présenter ?

BIRNA : Si, pardon, Jóhann, voici Yngvi.

YNGVI : Bonjour Jóhann, je suis le petit frère de Birna. Enchanté. Excusez-moi, mais je dois aller travailler.

06   GAMAN AÐ KYNNAST ÞÉR

BIRNA: Nei sko, þarna er bróðir minn! Yngvi!

YNGVI: Nei, hæ systir, þú hér?

BIRNA: Já, ég er að fá mér kaffi.

YNGVI: Kúl! Ég er að vinna hér í sumar sem kaffiþjónn.

BIRNA: En gaman, þá kem ég oftar hingað. Ég get rifjað upp glósurnar.

YNGVI: Ferðu ekki á bókasafnið? Viltu ekki kynna okkur?

BIRNA: Jú, fyrirgefðu. Jóhann, þetta er hann Yngvi.

YNGVI: Sæll Jóhann, ég er litli bróðir hennar Birnu. Gaman að kynnast þér. Afsakið, en ég þarf að fara að vinna.

COMPRENDRE LE DIALOGUE
EXCLAMATION : NEI SKO!

Le mot **sko** est le parfait exemple d'un petit mot islandais qui ne veut rien dire mais qui se glisse un peu partout dans le langage courant. Par conséquent, ce terme peut avoir différentes traductions selon le contexte. Le plus souvent il sert à réfléchir, remplir un blanc dans une conversation, comme le *euh…* en français. Mais il peut aussi servir de locution d'introduction, à l'instar du *donc* en français.

On entend parfois des gens interviewés à la radio ou à la télé abuser du **sko** : **Ég sko, er að læra, sko, jarðfræði sko, í Háskóla Íslands. Sko, það er skemmtilegt að, sko, læra, sko jarðfræði.** – *Je suis, euh, étudiant euh en géologie euh à l'Université d'Islande. Euh, c'est amusant de… euh étudier euh la géologie.*

Mais bien utilisé, il peut être traduit par *donc* ou *tu vois* : **Sko, ég lærði á Íslandi, en vinn í Danmörku.** – *Tu vois, j'ai étudié en Islande, mais je travaille au Danemark.*

Nei, *non*, sert ici également de marqueur du mode exclamatif. Dans le dialogue, Yngvi commence par exprimer sa surprise en mettant juste un **nei** en début de phrase. C'est très commun dans la langue islandaise. Le **nei sko** pourrait être défini comme formule figée pour clamer une bonne surprise. Si Yngvi avait été déçu de voir sa sœur, il n'aurait pas dit **nei sko**, mais plutôt seulement un **hva** (diminutif du pronom **hver** (*qui*) en neutre : **hvað** - *quoi*). Le **hva** se prononce comme le *quoi* en français, parfois la vie est belle !

On trouve une autre exclamation dans le texte : **En gaman**, qui signifie *C'est bien* ou *Quelle joie !*
En gaman, þá kem ég oftar hingað, *C'est bien, je vais venir alors plus souvent !*
En gaman, þá get ég rifjað upp jarðfræðiglósurnar, *Quelle joie, je peux alors réviser mes cours de géologie !*

LES FORMULES DE POLITESSE (BIS)

S'excuser

- → **Fyrirgefning** – *un pardon* (nom)
- → **Að biðja fyrirgefningar** – *demander le pardon*
- → **Fyrirgefðu (mér)** – *pardonne (moi)* (verbe)
- → **Afsakið (mig)** – *excusez-moi*
- → **Ég bið afsökunar** – *Veuillez m'excuser*

Quand on heurte quelqu'un dans la rue, on dit plutôt **afsakið** (*excuses*), que **fyrirgefðu** (*pardon*), mais les deux sont valables.

Les salutations – petit rappel
Ici vous voyez clairement la différence des salutations d'Yngvi envers sa sœur (**hæ!**) et ensuite envers Jóhann, qu'il rencontre pour la première fois (**sæll**).

L'ANGLICISME

La conservation de la langue est importante pour beaucoup d'Islandais, pour preuve : les différentes occupations du pays à travers les âges n'ont eu aucune influence sur l'évolution linguistique de l'islandais. L'isolement géographique de l'Islande mais certainement aussi son importante tradition écrite permirent une préservation remarquable d'une pure langue islandaise. Néanmoins, bien évidemment la société moderne n'échappe pas à l'incrustation de l'anglais dans le vocabulaire parlé, invasion de diffusion mondiale. Entre autres, on dit souvent « cool » et « shit », mais pour diminuer un peu les dommages, on adapte l'orthographe à l'islandais : **kúl** et **sjitt** !

NOTE CULTURELLE

Le travail d'été
Quasiment tous les étudiants travaillent pendant l'été, du mois de mai/juin jusqu'à fin août. Et pas seulement les étudiants, mais aussi les élèves de lycée, voire même de collège. Vers 14-15 ans, on arrive souvent à trouver un travail saisonnier, et beaucoup de jeunes travaillent même le soir et le week-end en parallèle de leurs études. On ne demande donc pas SI quelqu'un va travailler pendant l'été, mais directement OÙ il/elle va travailler. Avant, la plupart des jeunes trouvait un travail dans des usines de poisson, ou bien comme ouvriers à la ferme, aujourd'hui l'industrie du tourisme est le domaine qui recrute le plus de gens non qualifiés/non diplômés.

GRAMMAIRE
ACTION DANS LE PRÉSENT

Être en train de – **að vera að**
Pour souligner la durée d'une action, on utilise le verbe auxiliaire *être* + le verbe adéquat à l'infinitif : **Ég er að vinna.** *Je suis en train de travailler.*
Cette forme peut aussi dénoter une action imminente : **Ég er að koma** signifie *J'arrive.*

ACTION DANS LE FUTUR

Þá kem ég oftar hingað, *Alors, je vais venir plus souvent.*
Ég þarf að fara að vinna, *Je dois aller travailler.*

Le présent exprime une action qui va se dérouler dans un futur proche ou incertain.
En islandais, il y a deux temps : le présent, le prétérit ; et 4 modes : l'infinitif, l'indicatif, le subjonctif, l'impératif. Il n'y a donc pas de temps grammatical futur à proprement parler, contrairement au français qui possède le futur simple. Le français a donc le choix d'utiliser le présent ou le futur, là où l'islandais ne dispose que du présent, seul le contexte indique le temps.

▲ CONJUGAISON
LE VERBE *VENIR* – AÐ KOMA

Ég kem	Je viens
Þú kemur	Tu viens
Hann/Hún/Það kemur	Il/Elle/neutre vient
Við komum	Nous venons
Þið komið	Vous venez
Þeir/Þær/Þau koma	Ils/Elles/neutre viennent

Ce verbe islandais **að koma** accompagné de l'adverbe **fyrir** signifie aussi *arriver*.
Hvað kom fyrir þig? *Qu'est-ce qui t'est arrivé ?*

LE VERBE *PRENDRE* – AÐ FÁ (SÉR)

Attention, il y a plusieurs façons de traduire *prendre* en islandais. Ici, il s'agit de *prendre un café*, qui correspond à **fá sér kaffi**. Le verbe **að fá** à la voix pronominale (avec le pronom personnel adéquat au datif) + le produit = *prendre qqch*.
Ég fæ mér kaffi, þú færð þér kaffi, hann fær sér kaffi – *Je prends un café, tu prends un café, il prend un café.*

Ég fæ (mér)	Je prends (qqch)
Þú færð (þér)	Tu prends (qqch)
Hann/Hún/Það fær (sér)	Il/Elle/neutre prend (qqch)
Við fáum (okkur)	Nous prenons (qqch)
Þið fáið (ykkur)	Vous prenez (qqch)
Þeir/Þær/Þau fá (sér)	Ils/Elles/neutre prennent (qqch)

● VOCABULAIRE

nei *non*
sko *tiens* (formule exclamative)
þú hér *expression de la surprise de voir quelqu'un à un endroit précis* [litt. toi ici ?]
hér *ici*
fá mér ; að fá sér *prends ; prendre (qqch)*
kúl *cool*
sem *comme* (d'autres traductions possibles, *qui/que* par ex.)
kaffiþjónn, kaffiþjón, -i, -s ; kaffiþjónar, -a, -um, -a *barista ; baristas*
en *mais* (ici juste un exclamatif)
gaman *amusant*
þá *alors*
kem ; að koma *viens ; venir*
oftar ; oft *plus souvent ; souvent*
hingað *(vers) ici*
get ; að geta *peux ; pouvoir*
að rifja upp *réviser* (formule figée)
að rifja *retourner le foin* (un verbe rarement utilisé seul)
upp *mouvement vers le haut*
glósa(n), glósu(na), glósu(nni), glósu(nnar) ; glósur(nar) -ur(nar), -u(nu)m, glósa(nna) *(la) note ; (les) notes*
ferðu ; að fara *tu vas ; aller*
ekki *ne pas*
bókasafn(ið), bókasafn(ið), bókasafni(nu), bókasafns(ins) ; bókasöfn(in), bókasöfn(in), bókasöfnu(nu)m, bókasafna(nna) *(la) bibliothèque ; (les) bibliothèques*
að kynna *présenter*
jú *si*
fyrirgefðu *pardon*
minn *mon*
litli ; lítill *le petit ; petit*
bróðir *frère*
hún, hana, henni, hennar *elle*
afsakið ; að afsaka *excusez ; excuser*
þarf ; að þurfa *doit ; devoir*

● EXERCICES

1. INSÉREZ LE VERBE *VENIR*, **AÐ KOMA**, DANS LA PHRASE :

a. Hún .... á morgun.

b. Þau .... á stefnumót.

c. Ég .... á kaffihús.

d. Þú .... í vinnuna.

e. Við .... til Birnu.

f. Hann .... til Yngva.

g. Þið .... til Jóhanns.

🔊 06 2. TRANSFORMEZ LA PHRASE POUR INDIQUER UNE ACTION IMMINENTE PUIS ÉCOUTEZ L'ENREGISTREMENT POUR VÉRIFIER VOS RÉPONSES :

a. Hún er að koma á morgun.

b. Þau .... á stefnumót.

c. Ég .... á kaffihús.

d. Þú .... í vinnuna.

e. Við .... til Birnu.

f. Hann .... til Yngva.

g. Þið .... til Jóhanns.

3. ÉCOUTEZ LES PHRASES PRÉCÉDENTES, RÉPÉTEZ-LES ET TRANSFORMEZ-LES EN QUESTIONS:

a. Kemur hún á morgun?

b. ....

c. ....

d. ....

e. ....

f. ....

g. ....

5.
LA FAMILLE

FJÖLSKYLDAN

OBJECTIFS	NOTIONS
- DÉSIGNER LES MEMBRES DE LA FAMILLE - PARLER DE SES ENVIES - RENSEIGNER SUR LA SITUATION FAMILIALE	- LE VERBE AÐ ÆTLA - LE VERBE AÐ HLJÓTA - ENVIE – CONVICTION – PRÉJUGÉS - LES PRONOMS POSSESSIFS - LE VERBE IMPERSONNEL AÐ LANGA

TOUTE LA FAMILLE

JÓHANN : Ton frère a la pêche [litt. ton frère est un garçon fringant]. Il est célibataire ?

BIRNA : Oui, il est encore jeune.

JÓHANN : Mes frères et sœurs ont des compagnons et ont tous les deux des enfants.

BIRNA : Ta maman et ton papa doivent être contents d'être mamie et papy.

JÓHANN : Oui, ma sœur est mariée, elle a deux filles, et mon frère est divorcé et il a un fils.

BIRNA : Et toi, tu es certainement l'oncle favori ?

JÓHANN : Mais bien sûr !

BIRNA : Tu désires avoir des enfants, toi ?

JÓHANN : Oui, j'en ai probablement envie.

BIRNA : Moi, je vais avoir des enfants. Enfin, j'espère !

07 ÖLL FJÖLSKYLDAN

JÓHANN: Bróðir þinn er hress strákur. Er hann einhleypur?

BIRNA: Já, hann er svo ungur ennþá.

JÓHANN: Systkin mín eru í sambúð og með börn.

BIRNA: Mamma þín og pabbi hljóta að vera ánægð með að vera amma og afi.

JÓHANN: Já, systir mín er gift, hún á tvær dætur, og bróðir minn er fráskilinn og á einn son.

BIRNA: Og þú ert örugglega uppáhalds frændinn?

JÓHANN: Já, auðvitað!

BIRNA: Langar þig að eignast börn sjálfur?

JÓHANN: Já, mig langar líklega til þess.

BIRNA: Ég ætla að eignast börn. Eða ég vona það!

COMPRENDRE LE DIALOGUE
LA FAMILLE

Les membres de la famille

Quelques membres de la famille ont déjà été vus, mais dans ce dialogue, vous trouvez quasiment toute la famille.

→ Famille nucléaire :
Amma, *grand-mère/mamie*, **afi**, *grand-père/papy*, **mamma/móðir**, *maman/mère*, **pabbi/faðir**, *papa/père*, **dóttir**, *fille*, **systir**, *sœur*, **sonur**, *fils*, **bróðir**, *frère*, **systkin**, *fratrie*, **barnabarn**, *petit-enfant*.

→ Famille satellite :
En islandais, les membres de la « famille satellite » se désignent par ces mots : **frændi** (sing.) /**frændur** (plur.) pour les hommes, **frænka** (sing.) /**frænkur** (plur.) pour les femmes. Ils se traduisent en français par *oncle*, *cousin*, *neveu* ou *tante*, *cousine*, *nièce*… On ne fait pas de distinction en islandais, sauf quand c'est important de préciser. Dans ce cas, il existe ces mots :
föðurbróðir, *frère du père*, **móðurbróðir**, *frère de la mère*
föðursystir, *sœur du père*, **móðursystir**, *sœur de la mère*
systurdóttir, *fille de la sœur*, **bróðurdóttir**, *fille du frère*
ömmusystir, *sœur de la grand-mère*, **afasystir**, *sœur du grand-père*, etc.
On retrouve les liens de parenté dans la traduction littérale.
Exemples :
Ég hitti Jón frænda minn í gær, bróður pabba míns. *J'ai rencontré mon oncle Jón hier, le frère de mon père.*
Frænka mín, systir ömmu minnar, á afmæli í dag. *C'est l'anniversaire de ma grand-tante, la sœur de ma grand-mère, aujourd'hui.*

Situation familiale

→ **einhleypur** – *célibataire*
→ **giftur** – *marié*
→ **fráskilinn** – *divorcé*
→ **sambýlismaður** – *compagnon*
→ **foreldri** – *parent*
→ **barn** – *enfant*
→ **dóttir** – *fille*
→ **sonur** – *fils*

et pour aller plus loin :
→ **ekkill / ekkja** – *veuf / veuve*
→ **munaðarleysingi** – *orphelin*
→ **vera í sambúð** – *être en couple*

AVOIR LA PÊCHE

Le français emploie de nombreuses expressions dont il n'y a pas d'équivalence en islandais. *Avoir la pêche* – **að hafa ferskjuna** – n'existe pas. On dit simplement, **að vera hress**, *être fringant*. Notons tout de même que frais en islandais se dit **ferskur**, qui a la même racine que le fruit **ferskja**, *pêche*. Drôle de coïncidence !

NOTE CULTURELLE

Démographie

Il y a un peu plus de 330.000 habitants en Islande. Le 1er janvier 2015, il y avait un peu moins de 30.000 immigrés dans le pays, soit 9 % de la population. La plupart des immigrés viennent de Pologne.

Le nombre d'enfants par femme est de l'ordre de 1,8 (un chiffre en baisse). En revanche, l'espérance de vie s'accroît : un homme peut espérer vivre jusqu'à 81 ans, en moyenne, et une femme jusqu'à 83,6 ans ; ces résultats sont parmi les meilleurs d'Europe. Les femmes françaises ont tout de même une meilleure espérance de vie : 85 ans.

L'âge moyen d'une mère pour un premier enfant est aujourd'hui d'environ 27 ans - jusque dans les années 1990, il était en-dessous de 22 ans. À peu près 30 % des enfants naissent au sein d'un mariage, 52 % dans un couple en concubinage. Plus de 15 % des enfants naissent dans une famille monoparentale.

◆ GRAMMAIRE
LES PRONOMS POSSESSIFS

À l'inverse du français, les pronoms possessifs se placent après le sujet.
Exemple :
Bróðir minn – *mon frère*, **systir þín** – *ta sœur*, **barnið þitt** – *ton enfant*.
Mis à part ce détail, l'utilisation et la fonction est similaire au français. La déclinaison est identique pour les trois pronoms – *mon/ton/son* :

Singulier	masc.	fém.	neutre
	mon	*ma*	
nom.	**minn**	**mín**	**mitt**
acc.	**minn**	**mína**	**mitt**
dat.	**mínum**	**minni**	**mínu**
gén.	**míns**	**minnar**	**míns**

Pluriel	masc.	fém.	neutre
	mes	*mes*	*mes*
nom.	**mínir**	**mínar**	**mín**
acc.	**mína**	**mínar**	**mín**
dat.	**mínum**	**mínum**	**mínum**
gén.	**minna**	**minna**	**minna**

Singulier	masc.	fém.	neutre
	ton	*ta*	
nom.	**þinn**	**þín**	**þitt**
acc.	**þinn**	**þína**	**þitt**
dat.	**þínum**	**þinni**	**þínu**
gén.	**þíns**	**þinnar**	**þíns**

Pluriel	masc.	fém.	neutre
	tes	*tes*	*tes*
nom.	**þínir**	**þínar**	**þín**
acc.	**þína**	**þínar**	**þín**
dat.	**þínum**	**þínum**	**þínum**
gén.	**þinna**	**þinna**	**þinna**

Singulier	masc.	fém.	neutre
	son	sa	
nom.	sinn	sín	sitt
acc.	sinn	sína	sitt
dat.	sínum	sinni	sínu
gén.	síns	sinnar	síns

Pluriel	masc.	fém.	neutre
	ses	ses	ses
nom.	sínir	sínar	sín
acc.	sína	sínar	sín
dat.	sínum	sínum	sínum
gén.	sinna	sinna	sinna

DES ENVIES - DES ATTENTES - DES CONVICTIONS

Le verbe **ætla** est très important en islandais, et se traduit difficilement en français. Il exprime l'idée de volonté et de détermination, comme nous pouvons le voir dans le texte :

Ég ætla að eignast börn. *J'ai l'intention d'avoir des enfants.*

On énonce une conviction, sans que ce soit une vérité absolue. "La terre est ronde" est une vérité absolue, tandis que "je vais avoir des enfants" pourrait ne pas se réaliser, et on le sait... On remarque qu'avec le verbe **ætla**, on envisage sans avoir à utiliser le futur.

Ég ætla	*Je vais*
Þú ætlar	*Tu vas*
Hann/Hún/Það ætlar	*Il/Elle/neutre va*
Við ætlum	*Nous allons*
Þið ætlið	*Vous allez*
Þeir/Þær/Þau ætla	*Ils/Elles/neutre vont*

Pour parler de ses envies, nous voyons dans ce dialogue, d'autres verbes :
Langar þig að eignast börn sjálfur ? – <u>Tu désires/Tu as envie</u> d'avoir des enfants, toi ?
Eða ég vona það! – Enfin, <u>j'espère</u> !
Et nous avons déjà vu le verbe vouloir – **að vilja**.

Préjugés

Pour présumer de quelque chose, on utilise le verbe **að hljóta**, qui se traduit par devoir.

Ég hlýt	Je dois
Þú hlýtur	Tu dois
Hann/Hún/Það hlýtur	Il/Elle/neutre doit
Við hljótum	Nous devons
Þið hljótið	Vous devez
Þeir/Þær/Þau hljóta	Ils/Elles/neutre doivent

Mais attention le verbe devoir a d'autres traductions en islandais qu'on verra plus tard. Un peu de patience !

▲ CONJUGAISON

LE VERBE DÉSIRER/AVOIR ENVIE - AÐ LANGA

Remarque : Le verbe **að langa** est un verbe dit impersonnel en islandais, c'est à dire, que le sujet ne peut être en nominatif. Il se conjugue avec le sujet en accusatif :

Mig langar	J'ai envie
Þig langar	Tu as envie
Hann/Hana/Það langar	Il/Elle/neutre a envie
Okkur langar	Nous avons envie
Ykkur langar	Vous avez envie
Þá/Þær/Þau langar	Ils/Elles/neutre ont envie

VOCABULAIRE

þinn, þín, þitt *ton, ta,* [neutre]
[að vera] hress *[avoir la] pêche*
strákur, strák, -i, -s ; strákar, stráka, -um, -a *garçon ; garçons*
einhleypur *célibataire*
svo *si (comparaison)*
ennþá *encore/toujours*
systkin, systkin, -um, -a *fratrie*
mín *mes* [neutre pl.]
sambúð, **sambúð**, sambúð, -ar *concubinage, avoir un compagnon*
með *de/avec*
barn, barn, -i, -s ; börn, **börn**, -um, barna *enfant ; enfants*
mamma, mömmu, -u, -u ; mömmur, -ur, um, mamma *maman ; mamans*
pabbi, -a, -a, -a ; pabbar, -a, pöbbum, pabba *papa ; papas*
hljóta ; að hljóta *doivent ; devoir*
amma, ömmu, -u, -u ; ömmur, ömmur, -um, amma *mamie ; mamies*
afi, afa, -a, -a ; afar, afa, öfum, afa *papy ; papys*
systir, systur, -ur, -ur ; systur, -ur, -rum, -ra *sœur ; sœurs*
gift *mariée*
dóttir, -ur, -ur, -ur ; dætur, **dætur**, -rum, -ra *fille ; filles*
fráskilinn *divorcé*

sonur, **son**, syni, sonar ; synir, -i, sonum, sona *fils*
örugglega *certainement*
uppáhalds *favori*
frændi, -a, -a, -a ; frændur, frændur, -um, -a *oncle/cousin/ neveux ; oncles…*
auðvitað *bien sûr*
langar ; að langa *a envie ; avoir envie*
að eignast *s'attribuer/obtenir - ici : procréer/avoir des enfants* (eignast börn)
að eigna *attribuer*
sjálfur, -an, -um, -s *toi-même*
líklega *probablement*
til *préposition (vers)*
þess *ce/ça*
ég ætla ; að ætla *j'ai l'intention de ; avoir l'intention de*
vona ; að vona *espère ; espérer*

● EXERCICES

1. TRADUISEZ CES PHRASES EN FRANÇAIS :

a. Ég ætla að læra íslensku.

→

b. Jóhann ætlar kannski að eignast börn.

→

c. Hún hlýtur að vera gift.

→

d. Birnu langar til að eignast börn.

→

2. ÉCOUTEZ LES PHRASES ET RÉPONDEZ PAR VRAI OU FAUX ?

07

	vrai	faux
Birna á tvö börn.		
Jóhann á tvo bræður.		
Jóhann á tvö systkin.		
Birna á tvær systur.		

3. DANS L'EXERCISE 2, VOUS REMARQUEZ LES TROIS GENRES DU NOMBRE DEUX, À LA FORME ACCUSATIF (COMPLÉMENT D'OBJET DIRECT). VOUS POUVEZ VOUS EN SERVIR, POUR REMPLIR CE TABLEAU :

le nombre 2	masc.	fém.	neutre
nominatif			
accusatif			

6.
SE QUITTER
AÐ KVEÐJAST

OBJECTIFS	NOTIONS

- PRENDRE CONGÉ
- INDIQUER LA NOTION DE TEMPORALITÉ

- LE VERBE PARTIR
- LE VERBE DEVOIR / AVOIR BESOIN
- LA VOIX MOYENNE
- JÆJA!
- L'IMPÉRATIF

SALUT, À BIENTÔT !

JÓHANN : Bon, je dois rentrer [litt. partir à la maison].

BIRNA : Oui, c'est triste mais je dois aussi partir.

JÓHANN : Ravi de faire ta connaissance.

BIRNA : De même, je suis heureuse de t'avoir rencontré. J'espère qu'on se reverra plus tard.

JÓHANN : Oui, pas de doute, quand je reviens du Danemark.

BIRNA : Je pars dans une cabane d'été pour le week-end, mais je te contacterai la semaine prochaine.

JÓHANN : Absolument. Bon voyage, et à bientôt !

BIRNA : Oui, au revoir [litt. sois heureux]. Et merci pour le café !

JÓHANN : Avec plaisir. [litt. Le mien est le plaisir]

08 BLESS, SJÁUMST!

JÓHANN: Jæja, ég þarf að fara heim.

BIRNA: Já, það er leitt, en ég verð líka að fara.

JÓHANN: Mjög gaman að kynnast þér.

BIRNA: Sömuleiðis. Ég er glöð að hafa kynnst þér. Ég vona að við hittumst aftur síðar.

JÓHANN: Já, ekki spurning, þegar ég kem til baka frá Danmörku.

BIRNA: Ég er að fara í sumarbústað um helgina, en ég verð í sambandi í næstu viku.

JÓHANN: Endilega. Bless og góða ferð. Sjáumst.

BIRNA: Já, vertu sæll. Og takk fyrir kaffið!

JÓHANN: Mín er ánægjan.

■COMPRENDRE LE DIALOGUE
JÆJA !

Encore une exclamation qui sert souvent. Sa signification dépend entièrement du contexte, et de la façon dont elle est prononcée. On peut dire **jæja** avec une intonation qui montre le dégout, tout comme on peut l'utiliser pour exprimer la joie ou la surprise.

Dans notre dialogue, c'est le fameux **jæja** qui veut dire : *Bon, c'est fini !* C'est probablement l'utilisation la plus fréquente.

Autres exemples :

Jóhann er þrítugur. Jæja? Ég hélt að hann væri yngri! *Jóhann a trente ans. Ah bon ? Je le croyais plus jeune !*

Þau eru fráskilin. Jæja! Og hvað með börnin? *Ils sont divorcés. Ah ! Et les enfants ?*

CE N'EST QU'UN AU REVOIR

Pour se quitter, il existe plusieurs formules, tout comme pour se saluer. Nous avons des formules bien polies comme **vertu sæll/sæl** – *sois heureux/heureuse* ; **vertu blessaður/blessuð** – *sois béni/bénie* ; **vertu sæll og blessaður/sæl og blessuð** – *sois heureux et béni/heureuse et bénie*. Donc, similaires aux salutations mais avec le verbe *être* en mode impératif : **vertu**.

Autres formules pour se quitter :

→ *au revoir* – **vertu sæll**
→ *salut* – **bless**
→ *ciao* – **bæ**
→ *je dois partir* – **ég þarf að fara, ég verð að fara**
→ *on se reverra* – **við sjáumst aftur**
→ *à bientôt* – **sjáumst fljótlega/fljótt**

NOTION DE TEMPORALITÉ

bráðum – *bientôt* ; **seinna/síðar** – *plus tard* ; **fyrr/áður** – *plus tôt* ; **í dag** – *aujourd'hui* ; **á morgun** – *demain* ; **í gær** – *hier* ; **í fyrradag** – *avant-hier* ; **í þessari viku, í vikunni** – *cette semaine* ; **í næstu viku** – *la semaine prochaine* ; **í næsta mánuði** – *le mois prochain* ; **á næsta ári** – *l'année prochaine* ; **um helgina** – *le/ce week-end*

NOTE CULTURELLE

Cabanes d'été

Posséder une résidence secondaire est assez répandu en Islande, comme dans les autres pays nordiques. Cette résidence secondaire s'appelle **sumarbústaður** en islandais, qui signifie *cabane d'été*. On parle de cabanes d'été car à l'époque elles étaient accessibles principalement lorsque les chemins étaient dégagés, c'est-à-dire non enneigés. Aujourd'hui, il est possible d'y aller pratiquement toute l'année. Il s'agit surtout de cabanes en bois, souvent assez petites et aménagées de façon plus ou moins rustique. Même si de nos jours, la plupart des cabanes ont l'eau courante et l'électricité, et beaucoup sont même équipées d'un jacuzzi. Comme dans les jardins de Louis XIV à Versailles, on attache une grande importance au jardin. Les propriétaires passent énormément de temps à faire pousser des arbres et des plantes qui peuvent avoir du mal à se plaire dans le climat rude de la campagne islandaise. Ces propriétés secondaires sont, pour beaucoup de gens, un vrai projet de vie. Si aujourd'hui les exigences de confort ont envahi les cabanes, certains Islandais gardent leurs habitudes d'enfance : aller chercher l'eau au ruisseau d'à côté, la faire chauffer sur un réchaud à gaz… les bougies et les lampes à huile éclairent les soirées d'automne et l'intérieur est chauffé par un poêle. Pour ceux qui aiment les défis, c'est une expérience !

◆ GRAMMAIRE
LA DÉCLINAISON DE GLÖÐ

Découvrez ci-dessous les différents cas de **glaður**, *content* :

glaður, glaðan, glöðum, glaðs, *content* ; **glaðir, glaða, glöðum, glaðra**, *contents*
glöð, glaða, glaðri, glaðrar, *contente* ; **glaðar, glaðar, glöðum, glaðra**, *contentes*
glatt, glatt, glöðu, glaðs, (neutre), **glöð, glöð, glöðum, glaðra** (neutre, plur.)

L'IMPÉRATIF

L'impératif sert à donner un ordre ou formuler une demande.
Dans le langage soutenu, l'impératif est formé de la racine du verbe, dont on a tronqué la forme infinitive :

→ **vera** → **ver (þú)** – *être* → *sois*
→ **gera** → **ger (þú)** – *faire* → *fais*

La terminaison **-a** de l'infinitif disparaît. On trouve cette forme dans la littérature, les dictons, etc.

Toutefois dans le langage courant, on inclut le pronom deuxième personne comme suffixe (**-tu**, **-du**, **-ðu**, **-ið**) selon la dernière lettre du verbe. On retrouve donc la racine plus une forme du pronom affaibli, qui rappelle le *tu* (**þú**), ou au pluriel le *vous* (**þið**) :
- → **vera** → **vertu**–**verið**, *être* → *sois* – *soyez*
- → **gera** → **gerðu**–**gerið**, *faire* → *fais*–*faîtes*

LA VOIX MOYENNE

Jusqu'ici nous nous sommes essentiellement contentés de la voix active de l'indicatif présent des verbes, pour se présenter et parler de sa famille, etc. Mais ici, nous rencontrons deux verbes à la voix moyenne. La voix moyenne sert à exprimer la réciprocité, par exemple quand deux personnes se parlent, comme dans le dialogue. On reconnaît cette voix par sa terminaison **-st**.

1) Jóhann dit à Birna :

Gaman að kynnast þér, *Ravi de faire ta connaissance.*
Le verbe en question est le verbe **að kynna** qui veut dire *présenter*, dont le sens est légèrement différent en voix moyenne, au lieu d'être traduit par *se présenter* il signifie plutôt *faire connaissance.*
Nous avons déjà vu deux fois cette phrase sans parler de la voix moyenne : **Gaman að kynnast þér**, dans les chapitres 1 et 4. Dans les deux cas, il s'agit d'une formule de politesse, comme en anglais : Nous l'avons traduite par *Enchanté(e).*

2) Birna dit à Jóhann :

Ég vona að við hittumst aftur síðar. *J'espère qu'on se reverra plus tard.*
Ici, le verbe **að hitta**, *rencontrer*, garde la même signification. La voix moyenne d'un verbe s'utilise à la place d'un pronom réfléchi.
Par exemple :
Birna og Jóhann hittast. *Birna et Jóhann se rencontrent.*
Pour bien faire la distinction, la voix active donne :
Birna hittir Jóhann – *Birna rencontre Jóhann.*

	að kynnast	að hittast
Ég	kynnist	hittist (rarement utilisé)
Þú	kynnist	hittist (rarement utilisé)
Hann/Hún/Það	kynnist	hittist (rarement utilisé)
Við	kynnumst	hittumst
Þið	kynnist	hittist
Þeir/Þær/Þau	kynnast	hittast

Certains verbes ne se conjuguent pas à la voix moyenne, comme **að vera** (*être*), **að verða** (*devenir, devoir*), **að geta** (*pouvoir*) et **að þurfa** (*devoir*).

▲ CONJUGAISON
LE VERBE *ALLER/PARTIR* – AÐ FARA

Ég fer	Je vais
Þú ferð	Tu vas
Hann/Hún/Það fer	Il/Elle/neutre va
Við förum	Nous allons
Þið farið	Vous allez
Þeir/Þær/Þau fara	Ils/Elles/neutre vont

Remarquez la contraction à la deuxième personne à la forme interrogative : **ferðu?** *vas-tu ?*

LE VERBE AÐ VERÐA

Ce verbe exprime un mouvement, un changement ou bien, quand il est utilisé avec un verbe à l'infinitif, un devoir.

Il peut se traduire en français par *devenir, se faire (vieux…), devoir* ou bien par le futur du verbe *être*.

Nous voyons ce verbe deux fois dans ce texte :

→ La première fois avec un verbe en infinitif.

Ég verð (líka) að fara, *Je dois (aussi) partir.*

→ Ensuite comme le futur du verbe *être*.

Ég verð í sambandi (í næstu viku), [litt. je serais en contact (la semaine prochaine)] qu'on a traduit ici par le verbe *contacter* au futur : *Je te contacterai la semaine prochaine.*

Ég verð
Þú verður
Hann/Hún/Það verður
Við verðum
Þið verðið
Þeir/Þær/Þau verða

Remarquez la contraction à la deuxième personne à la forme interrogative : **Verðurðu?**

LE VERBE *DEVOIR/AVOIR BESOIN* – AÐ ÞURFA

Ég þarf	Je dois
Þú þarft	Tu dois
Hann/Hún/Það þarf	Il/Elle/neutre doit
Við þurfum	Nous devons
Þið þurfið	Vous devez
Þeir/Þær/Þau þurfa	Ils/Elles/neutre doivent

Remarquez la contraction à la deuxième personne à la forme interrogative : **Þarftu?** *Tu dois ?*

● VOCABULAIRE

jæja *bon (exclamation)*
þarf ; að þurfa *dois ; devoir*
að fara *aller*
heim *à la maison*
leitt *triste*
verð ; að verða *(ici) dois ; devoir*
líka *aussi*
mjög *très*
að kynnast *faire connaissance*
sömuleiðis *de même*
glöð ; glaður *contente ; content*
að hafa *(ici) avoir*
Ég vona ; að vona *j'espère ; espérér*
hittumst ; hittast ; hitta *nous rencontrons ; se rencontrer ; rencontrer*
aftur *encore*
síðar *plus tard*
spurning, -u, -u, -ar ; spurningar, -ar, -um, -a *question ; questions*
þegar *quand*
kem til baka *suis de retour/revient*
sumarbústaður, sumarbústað, sumarbústað, sumarbústaðar ; sumarbústaðir, -bústaði, -bústöðum, -bústaða *cabane d'été ; cabanes d'été*
helgi(n), helgi(na), helgi(nni), helgar(innar) ; helgar(nar), helgar(nar), helgu(nu)m, helga(nna) *(le) week-end, (les) week-ends*
verð *(ici) serais ; être*

samband, samband, sambandi, -s ; sambönd, sambönd, -um, sambanda *contact/relation ; contacts/relations*
næstu ; næsti *prochaine ; prochain*
vika, viku, viku, viku ; vikur, vikur, -um, -na *semaine ; semaines*
endilega *absolument*
bless *salut*
góða ; góður *bonne ; bon*
ferð, ferð, ferð, -ar ; ferðir, ferðir, -um, -a *voyage ; voyages*
sjáumst ; að sjást ; að sjá *on se reverra ; se revoir/être vu ; voir*
vertu ; að vera *sois ; être*
takk *merci*
fyrir *pour*
ánægja(n), ánægju(na), -u(nni) -u(nnar) *(le) plaisir*

⬢ EXERCICES

1. TRADUISEZ LES PHRASES EN ISLANDAIS. ATTENTION, DANS LES DEUX PREMIÈRES PHRASES, IL Y A DEUX BONNES RÉPONSES, POUVEZ-VOUS TROUVER LES DEUX ?

a. Je dois partir demain.

→

→

b. Elle doit partir la semaine prochaine.

→

→

c. Jóhann part aujourd'hui au Danemark.

→

d. On se reverra demain.

→

e. Elles se reverront ce week-end.

→

f. Ils se rencontrent le mois prochain.

→

2. ÉCOUTEZ LES BONNES RÉPONSES, ET RÉPÉTEZ-LES.

3. REMPLACEZ CES PHRASES EN VOIX ACTIVE PAR LA VOIX MOYENNE. REMARQUEZ L'UTILISATION DES PRONOMS PERSONNELS :

a. Ég hitti Birnu → Við ....

b. Jóhann hittir Yngva → Jóhann og Yngvi ....

c. Þú hittir bróður þinn → Þið ....

d. Birna hittir bróður sinn → Þau ....

7. RETROUVAILLES

AÐ HITTAST AFTUR

OBJECTIFS

- RÉORIENTER LA CONVERSATION
- PRENDRE DES NOUVELLES
- ACCUEILLIR CHEZ SOI

NOTIONS

- ADJECTIFS QUALIFICATIFS
- PRONOMS INTERROGATIFS
- PRENDRE - RAPPEL
- VERBES VOIR ET DIRE

JOYEUX ANNIVERSAIRE !

BIRNA : Salut ! Joyeux anniversaire !

JÓHANN : Content de te revoir ! Bienvenue chez moi ! Comment vas-tu ? [litt. Que dis-tu du bien ?]

BIRNA : Je vais bien, et toi ? [litt. je dis tout bien, et toi] Tiens ! Quelle fête ! Voici un cadeau pour l'occasion !

JÓHANN : Super, merci ! Viens manger du gâteau et prendre un verre avec ma famille et mes amis. Nous sommes dans le jardin.

BIRNA : Avec plaisir. Ta maison est belle, et le jardin est même encore plus beau.

JÓHANN : Mais, quelles sont donc de tes nouvelles ? Comment ça va ton frère ?

BIRNA : Euh, qui ? Il va bien, lui, je crois.

09 TIL HAMINGJU MEÐ AFMÆLIÐ!

BIRNA: Hæ! Til hamingju með afmælið!

JÓHANN: Gaman að sjá þig aftur! Velkomin á heimili mitt! Hvað segirðu gott?

BIRNA: Ég segi allt gott, en þú? Nei sko! Hvílík veisla! Hér er gjöf í tilefni dagsins!

JÓHANN: Frábært, takk! Komdu og fáðu þér köku og drykk með fjölskyldunni og vinum mínum. Við erum úti í garði.

BIRNA: Með ánægju. En fallegt hús og garðurinn er jafnvel enn fallegri!

JÓHANN: En hvað er svo að frétta? Hvernig hefur bróðir þinn það?

BIRNA: Ha? Hver? Honum líður vel, held ég.

■COMPRENDRE LE DIALOGUE
HVAÐ SEGIR ÞÚ GOTT? – HVAÐ ER AÐ FRÉTTA?

Les Islandais n'ont pas la même formule que les anglophones et les francophones pour prendre des nouvelles de ceux qu'ils n'ont pas vus depuis un certain temps. La formule islandaise pourrait sembler bizarre : *Que dis-tu de bien ?* **Hvað segir þú gott?**
Nous pouvons trouver la forme contractée : **Hvað segirðu gott?**
Évidemment la réponse positive est presque exigée : **Allt gott**. *Tout va bien* [litt. tout bien] ou **Ég segi allt gott**. *Je vais bien* [litt. Je dis tout bien].
Certains expliquent cette expression comme résultant d'une sorte de pression sociale. Donner le change, montrer en apparence que tout va bien est monnaie courante chez les Islandais. Mais les temps changent, désormais les Islandais osent parfois se plaindre.
Quelques exemples :
Ég segi allt sæmilegt. *Ça va moyen* [litt. Je dis tout moyen/passable].
Æ, ég segi nú eiginlega bara ekkert gott. *Aïe, rien ne va* [litt. Eh bien, au juste je dis rien de bien].

Plus tard, Jóhann demande des nouvelles à Birna :
Hvað er að frétta? *Quoi de neuf ?* [litt. Qu'est-ce qu'il y a à apprendre]
Frétt : *nouvelle (info)*, **að frétta** : *apprendre/avoir des nouvelles*.
On peut répondre à une telle question ainsi :
Það er ekkert að frétta. *Il n'y a rien de nouveau.*
það er allt gott að frétta. *Tout va bien (toutes les nouvelles sont bonnes).*
On peut aussi demander directement comment va la personne :
Hvernig hefur bróðir þinn það? *Comment va ton frère ?* [litt. comment l'a ton frère]
Autre façon de prendre des nouvelles de son interlocuteur :
Hvernig hefur þú það? *Comment tu vas ?*

Déclinaisons de l'adjectif **góður** :
góður, **góðan**, **góðum**, **góðs**, *bon* ; **góðir**, **góða**, **góðum, góðra**, *bons*
góð, **góða**, **góðri**, **góðrar**, *bonne* ; **góðar**, **góðar**, **góðum**, **góðra**, *bonnes*
gott, **gott**, **góðu**, **góðs**, (neutre) ; **góð**, **góð**, **góðum**, **góðra** (neutre pl.)

BIENVENUE CHEZ MOI

Vous découvrez le mot *bienvenu* : **velkominn/velkomin/velkomið**, formule proche de l'allemand et de l'anglais.
Jóhann accueille Birna chez lui : **Velkomin á heimili mitt!** *Bienvenue chez moi !*
L'islandais distingue l'intérieur de la maison, le chez soi, et la maison concrètement parlant, le bâtiment. **Heimili** se réfère donc à l'intérieur, tout comme le mot ***home*** en anglais. **Hús**, se réfère au bâtiment, comme ***house*** en anglais.

RÉORIENTER LA CONVERSATION

Pour changer de sujet, il suffit généralement d'utiliser une conjonction simple comme **og** (*et*) ou **en** (*mais*), parfois soutenu par l'adverbe **svo**, qui peut être traduit par *encore* ou *alors*. Dans notre dialogue :
En hvað er svo að frétta ? *Mais quels sont alors les nouvelles ?*

ATTENTION :
Notez que Birna utilise aussi la conjonction **en**, pour dire qu'elle trouve la maison belle :
En fallegt hús ...
Ici, le **en** marque la fonction exclamative de la phrase.

PETIT RAPPEL : AÐ FÁ SÉR

Souvenez-vous du verbe **að fá**, *prendre*, suivi du pronom personnel adéquat au datif. Nous l'avons vu au chapitre 4 de cette première partie, **ég er að fá mér kaffi**, *je prends du café*.
Ici, nous voyons cette formule à l'impératif :
Komdu og fáðu þér köku og drykk, *Viens manger du gâteau et prendre un verre* [litt : viens te servir du gâteau et une boisson].

HA?

Le **ha** veut dire *comment* ou *quoi ?* On le dit quand on n'a pas entendu ce que notre interlocuteur a dit, ou, comme ici, quand on n'est pas sûr d'avoir bien compris.

NOTE CULTURELLE

Sumardagurinn fyrsti

Comme dans beaucoup de pays, il est de coutume de recevoir des cadeaux à son anniversaire en Islande. Noël est également l'occasion de faire la fête et d'échanger des présents. Mais il est une fête spécifiquement islandaise où les enfants reçoivent majoritairement un petit quelque chose : la fête du **sumardagurinn fyrsti**, littéralement *le premier jour de l'été*. Cette fête a toujours lieu un jeudi et se situe entre le 18 et 25 avril. La tradition des cadeaux du premier jour de l'été est bien plus ancienne que celle des cadeaux de Noël ou d'anniversaire. À l'origine, on célébrait le fait d'avoir survécu à l'hiver.

GRAMMAIRE
LES PRONOMS INTERROGATIFS

Les pronoms interrogatifs sont :
- **hver** – *qui*
- **hvor** – *lequel des deux*
- **hvaða** – *lequel de plus de deux/comment*
- **hvílíkur** – *quel*

Ils existent dans les trois genres, et se déclinent en nombre.
Il y a tout de même une exception à la règle : le pronom **hvaða** est toujours pareil, dans tous les genres, cas et nombres. Il est toujours utilisé avec un nom.
Exemple :
Hvaða dagur er í dag? *On est quel jour aujourd'hui ?*

Quand on se réfère à des genres différents, on utilise le neutre et non le masculin, comme en français.
Exemple :
Hér eru Birna og Jóhann. Hvílíkt falleg! *Voici Birna et Jóhann. Qu'ils sont beaux !*

Tout comme en français, on peut marquer son étonnement et/ou son contentement, avec le pronom personnel **hvílíkur** (*quel*) : **Hvílík veisla!** *Quelle fête !*

hver, *qui/chaque*

	sing.			plur.		
	masc.	fém.	neutre	masc.	fém.	neutre
nom.	hver	hver	hvert/hvað	hverjir	hverjar	hver
acc.	hvern	hverja	hvert/hvað	hverja	hverjar	hver
dat.	hverjum	hverri	hverju	hverjum	hverjum	hverjum
gén.	hvers	hverrar	hvers	hverra	hverra	hverra

hvor, *lequel/laquelle* (des deux)

	sing.			plur.		
	masc.	fém.	neutre	masc.	fém.	neutre
nom.	hvor	hvor	hvort	hvorir	hvorar	hvor
acc.	hvorn	hvora	hvort	hvora	hvorar	hvor
dat.	hvorum	hvorri	hvoru	hvorum	hvorum	hvorum
gén.	hvors	hvorrar	hvors	hvorra	hvorra	hvorra

hvílíkur, *quel/quelle*

	sing.			plur.		
	masc.	fém.	neutre	masc.	fém.	neutre
nom.	hvílíkur	hvílík	hvílíkt	hvílíkir	hvílíkar	hvílík
acc.	hvílíkan	hvílíka	hvílíkt	hvílíka	hvílíkar	hvilik
dat.	hvílíkum	hvílíkri	hvílíku	hvílíkum	hvílíkum	hvílíkum
gén.	hvílíks	hvílíkrar	hvílíks	hvílíkra	hvílíkra	hvílíkra

LES ADJECTIFS QUALIFICATIFS

Nous avons déjà vu le comparatif et le superlatif des adjectifs qualificatifs masculins **ungur** – *jeune* et **gamall** – *vieux*, dans le chapitre 2.

L'adjectif qualificatif a la même fonction qu'en français : caractériser une personne/une chose. Il s'accorde en genre et en nombre avec le nom auquel il se rapporte et il se décline aux différents cas également. Il se place le plus souvent devant le nom.

Quand l'adjectif vient avec un nom indéfini, on dit que c'est un adjectif fort : **fallegur garður**, *un beau jardin*.

Quand il vient avec un nom défini, il se termine par une voyelle et il est dit faible : **fallegi garðurinn**, *le beau jardin*.

1ᵉʳ degré – déclinaison forte

singulier	masc.	fém.	neutre
	beau	*belle*	
nom.	**fallegur**	**falleg**	**fallegt**
acc.	**fallegan**	**fallega**	**fallegt**
dat.	**fallegum**	**fallegri**	**fallegu**
gén.	**fallegs**	**fallegrar**	**fallegs**

pluriel	masc.	fém.	neutre
	beaux	*belles*	
nom.	**fallegir**	**fallegar**	**falleg**
acc.	**fallega**	**fallegar**	**falleg**
dat.	**fallegum**	**fallegum**	**fallegum**
gén.	**fallegra**	**fallegra**	**fallegra**

1ᵉʳ degré – déclinaison faible

singulier	masc.	fém.	neutre
	le beau	*la belle*	
nom.	**fallegi**	**fallega**	**fallega**
acc.	**fallega**	**fallegu**	**fallega**
dat.	**fallega**	**fallegu**	**fallega**
gén.	**fallega**	**fallegu**	**fallega**

pluriel	masc.	fém.	neutre
	les beaux	*les belles*	
nom.	**fallegu**	**fallegu**	**fallegu**
acc.	**fallegu**	**fallegu**	**fallegu**
dat.	**fallegu**	**fallegu**	**fallegu**
gén.	**fallegu**	**fallegu**	**fallegu**

▲ CONJUGAISON
VERBE *VOIR* - AÐ SJÁ

Ég sé	*Je vois*
Þú sérð	*Tu vois*
Hann/Hún/Það sér	*Il/Elle/neutre voit*
Við sjáum	*Nous voyons*
Þið sjáið	*Vous voyez*
Þeir/Þær/Þau sjá	*Ils/Elles/neutre voient*

Remarquez la contraction à la deuxième personne à la forme interrogative : **Sérðu?** *Tu vois ?*

VERBE *DIRE* - AÐ SEGJA

Ég segi	*Je dis*
Þú segir	*Tu dis*
Hann/Hún/Það segir	*Il/Elle/neutre dit*
Við segjum	*Nous disons*
Þið segið	*Vous dites*
Þeir/Þær/Þau segja	*Ils/Elles/neutre disent*

Remarquez la contraction à la deuxième personne à la forme interrogative : **Segirðu?** *Tu dis ?*

⬢ EXERCICES

1. RELIEZ LA BONNE QUESTION/EXCLAMATION À LA BONNE PHRASE :

a. Jóhann á afmæli.
b. Jóhann og Birna hittast á kaffihúsi.
c. Jóhann og Yngvi tala saman.
d. Húsin eru falleg.
e. Garðurinn er fallegur.
f. Honum finnst gaman í veislunni.

1. Hvílíkur garður!
2. Hver á afmæli?
3. Hvort er systkin Yngva?
4. Hverjum finnst gaman í veislunni?
5. Hvaða hús er fallegast?
6. Hvor er bróðir Birnu?

09

2. ÉCOUTEZ CES QUESTIONS ET RÉPÉTEZ-LES. RÉPONDEZ ENSUITE AUX QUESTIONS, PAR DES PHRASES COMPLÈTES :

a. Hvað segir Birna gott?

→

b. Hvar eru fjölskyldan og vinirnir?

→

c. Hvort er fallegra, garðurinn eða húsið?

→

●VOCABULAIRE

hamingja, hamingju, hamingju, hamingju *bonheur*
til hamingju ; til hamingju með afmælið *félicitations ; joyeux anniversaire*
að sjá *voir*
aftur *encore*
velkomin *bienvenue*
heimili, heimili, heimili, heimilis ; heimili, heimili, -um, -a *maison/foyer (l'intérieur) ; foyers*
segirðu ; að segja *tu dis ; dire*
gott *bien/bon*
allt *tout*
hvílík ; hvílíkur *quelle ; quel*
veisla, veislu, -u, -u ; veislur, veislur, veislum, veislna *fête ; fêtes*
hér *voici/ici*
gjöf, gjöf, gjöf, gjafar ; gjafir, gjafir, gjöfum, gjafa *cadeau ; cadeaux*
tilefni, tilefni, tilefni, tilefnis ; tilefni, tilefni, tilefnum, tilefna *occasion ; occasions*
dagur(inn), dag(inn), degi(num), dags(ins) ; dagar(nir), daga(na), dögu(nu)m, daga(nna) *(le) jour ; (les) jours*
frábært *génial*
drykkur, drykk, drykk, drykkjar ; drykkir, drykki, drykkjum, drykkja *boisson ; boissons*
úti *dehors*
garður, garð, garði, garðs ; garðar, garða, görðum, garða *jardin ; jardins*
en *mais* (ici utilisé avec l'adjectif, comme locution d'introduction)
fallegt ; fallegur *beau* (neutre) *; beau* (masc.)
jafnvel *même*
enn *encore plus*
frétta ; hvað er að frétta *apprendre/avoir des nouvelles ; quoi de neuf ?*
hvernig *comment*
líður ; að líða *se sent ; se sentir / aller*
vel *bien*

II LA VIE QUOTIDIENNE

8. RENDEZ-VOUS AVEC UN AMI

STEFNUMÓT VIÐ VIN

OBJECTIFS	NOTIONS
- PARLER DE QUELQU'UN - DÉCRIRE UNE PERSONNE - DONNER DES CARACTÉRISTIQUES PHYSIQUES - QUESTIONNER	- HÁR – HOMONYMES POLYSÉMIQUES - HEYRÐU - LES ADJECTIFS QUALIFICATIFS – SUITE - LES VERBES CONNAÎTRE ET SAVOIR

TU CONNAIS JÓHANN ?

BIRNA : Salut Stebbi ! Comment ça va ?

STEFÁN : Ah, salut ma Birna, heureux de te voir ! Je vais bien, merci. Tu as bonne mine !

BIRNA : Merci, toi aussi ! Écoute, est-ce que tu connais Jóhann, qui est designer ? Presque ta taille, châtain.

STEFÁN : Plutôt gros ? Avec des lunettes ?

BIRNA : Non, il est mince et musclé. Des cheveux bouclés.

STEFÁN : Oui ! Je sais qui c'est, mais je ne le connais pas, uniquement sa sœur, Helga. Une fille petite, avec des cheveux longs, blonds.

BIRNA : Oui, c'est ça. Tu sais quoi sur Jóhann ? C'est un garçon bien ?

STEFÁN : Oui, je crois bien [litt. je ne sais pas mieux]. Comment vous vous connaissez ?

BIRNA : Nous nous voyons depuis peu…

ÞEKKIR ÞÚ JÓHANN?

BIRNA: Hæ Stebbi! Hvað segir þú gott?

STEFÁN: Nei, hæ Birna mín, gaman að sjá þig! Ég segi allt gott, takk. Þú lítur vel út!

BIRNA: Takk, þú líka! Heyrðu, ekki þekkir þú Jóhann sem er hönnuður? Næstum jafnhár þér, skolhærður.

STEFÁN: Frekar feitur? Með gleraugu?

BIRNA: Nei, hann er grannur og stæltur. Með liðað hár.

STEFÁN: Já! Ég veit hver hann er, en ég þekki hann ekki, bara systur hans, Helgu. Lágvaxin stelpa, með sítt, ljóst hár.

BIRNA: Já, það passar. Hvað veistu um Jóhann? Er hann góður strákur?

STEFÁN: Já, ég veit ekki betur. Hvernig þekkist þið?

BIRNA: Við höfum verið að hittast undanfarið...

■ COMPRENDRE LE DIALOGUE
HÁR – UN HOMONYME POLYSÉMIQUE

Regardez ces deux phrases du dialogue, qui contiennent le mot **hár** :
Hann er hönnuður, jafnhár **þér**, *Il est designer, il a ta taille* [litt. il est designer, aussi haut que toi].
Lágvaxin stelpa, með sítt, ljóst hár, *Une fille, petite, avec des cheveux longs, blonds* [litt. petite, mignonne fille avec longues blonds cheveux].
Vous constatez que dans la première phrase le mot signifie *haut*, et dans la deuxième, il signifie *cheveux* ! Il s'agit donc d'homonymes qui ont la même apparence mais pas le même sens. Les apparences sont parfois trompeuses…

Déclinaisons de l'adjectif **hár**, *haut*
hár, **háan**, **háum**, **hás**, *haut*, **háir**, **háa**, **háum**, **hárra**, *hauts*
há, **háa**, **hárri**, **hárrar**, *haute*, **háar**, **háar**, **háum**, **hárra**, *hautes*
hátt, **hátt**, **háu**, **hás**, neutre, **há**, **há**, **háum**, **hárra**, neutre

Les degrés de l'adjectif **hár**, *haut*
hár, **hærri**, **hæstur**, *haut*, *plus haut*, *le plus haut*
há, **hærri**, **hæst**, *haute*, *plus haute*, *la plus haute*
hátt, **hærra**, **hæst**, neutre

N'oubliez pas que les degrés se déclinent aussi :
Eiffelturninn er einn af hæstu turnum í heimi. *La tour Eiffel est une des plus hautes tours du monde.*
(**hæstu** : dat. masc. pl ; *tour* : **turn**, est un nom masculin en islandais).

Déclinaisons du subjonctif **hár**, *cheveux*
hár(ið), **hár(ið)**, **hári(nu)**, **hárs(ins)**, *(le) cheveu* ; **hár(in)**, **hár(in)**, **háru(nu)m**, **hára(nna)**, *(les) cheveux*

Attention : Quand on parle des cheveux sur la tête ou les poils sur le corps, on utilise le mot **hár** au singulier. On l'utilise rarement au pluriel, et surtout dans un contexte où on parle de poils d'animaux hors du corps (sur le canapé, sur un manteau…).
Exemple :
Það eru kattarhár út um allt í sófanum. *Il y a des poils de chat partout sur le canapé.*

HEYRÐU – ANNONCIATEUR D'UNE QUESTION

Pour introduire une question, on utilise souvent ce mot, **heyrðu**, impératif du verbe **að heyra**. Cette utilisation se traduit facilement par *écoute*, en français. En revanche, le verbe **að heyra** signifie *entendre*. Le verbe **að hlusta** signifie *écouter*. On utilise très souvent ce mot.

APPARENCES PHYSIQUES

Pour décrire physiquement une personne, donner des informations sur son physique est nécessaire. Le plus courant résulte dans la désignation de la corpulence, la taille, la couleur des cheveux, de peau, etc.

Les cheveux

Les adjectifs qui se réfèrent aux cheveux sont au singulier neutre en islandais. **Hár**, *cheveux*, est un nom neutre, c'est un peu comme *la chevelure* en français.

couleur
- **ljóst hár**, *cheveux blonds* ; **ljóshærður, ljóshærð, ljóshært**, *blond, blonde*, neutre
- **skollitað hár**, *cheveux châtains* ; **skolhærður, skolhærð, skolhært**, *châtain*, neutre
- **dökkt hár**, *cheveux bruns* ; **dökkhærður, dökkhærð, dökkhært**, *brun, brune*, neutre
- **rautt hár,** *cheveux roux* ; **rauðhærður, rauðhærð, rauðhært**, *roux, rousse*, neutre
- **svart hár**, *cheveux noirs* ; **svarthærður, svarthærð, svarthært**, *brun, brune*, neutre
- **grátt hár**, *cheveux gris* ; **gráhærður, gráhærð, gráhært**, *gris, grise*, neutre

longueur
- **sítt hár**, *cheveux longs* ; **síðhærður, síðhærð, síðhært**
- **stutt hár**, *cheveux courts* ; **stutthærður, stutthærð, stutthært**
- **millisítt hár**, *cheveux mi-longs*

texture
- **liðað hár**, *cheveux bouclés* ; **liðir/krullur**, *boucles* – **krullhærður, krullhærð, krullhært**
- **slétt hár**, *cheveux plats* ; **slétthærður, slétthærð, slétthært**

La corpulence

feitur, **feit**, **feitt**, *gros*, *grosse*, neutre
grannur, **grönn**, **grannt**, *mince*, *mince*, neutre
mjór, **mjó**, **mótt**, *maigre*, *maigre*, neutre
hár, **há**, **hátt**, *haut*, *haute*, neutre ; **hávaxinn**, **hávaxin**, **hávaxið**, *de taille haute*
lágur, **lág**, **lágt**, *bas*, *basse*, neutre – **lágvaxinn**, **lágvaxin**, **lágvaxið**, *de petite taille*
stór, **stór**, **stórt**, *grand*, *grande*, neutre
lítill, **lítil**, **lítið**, *petit*, *petite*, neutre
stæltur, **stælt**, **stælt**, *musclé*, *musclée*, neutre

Jóhann er grannur og stæltur. *Jóhann est mince et musclé.*

NOTE CULTURELLE

Les surnoms

Les Islandais utilisent fréquemment des petits noms pour désigner leurs amis. Ici, Birna s'adresse à Stefán par un diminutif classique : Stebbi. Il existe des surnoms fréquents pour quasiment tous les prénoms communs. Pour Jóhann, c'est Jói. Mais parfois les surnoms renvoient plutôt à une caractéristique physique, comme Lilla/Lilli (dérivé de **litla/litli** : *la petite/le petit*), ou à la manière déformée dont la personne ou un de ses frères et/ou sœurs a prononcé le prénom tout jeune, comme par exemple Ditta pour Kristín. Les surnoms sont très fréquents, surtout dans les petits villages. Avec l'utilisation des surnoms, les Islandais renforcent leur côté familier et convivial. L'Islande est une petite île, peu peuplée, de gens qui ont les mêmes noms, et qu'on surnomme pour les différencier !

◆ GRAMMAIRE
DÉCRIRE QUELQU'UN

L'emploi du verbe *être* prédomine dans le choix des verbes utilisées pour décrire une personne. Les adjectifs qualificatifs sont nécessaires et plus riches d'informations pour indiquer tel ou tel trait physique et caractéristique.

Déclinaisons de l'adjectif **stór**, *grand* – 1er degré
- → **stór**, **stóran**, **stórum**, **stórs**, *grand* ; **stórir**, **stóra**, **stórum**, **stórra**, *grands*
- → **stór**, **stóra**, **stórri**, **stórrar**, *grande* ; **stórar**, **stórar**, **stórum**, **stórra**, *grandes*
- → **stórt**, **stórt**, **stóru**, **stórs**, neutre ; **stór**, **stór**, **stórum**, **stórra**, neutre

Remarquez que la déclinaison est la même que pour l'adjectif **hár**/*haut*, sauf que le **r** fait partie du radical, et reste donc avant la terminaison pluriel.
Pour trouver le radical d'un adjectif, vous devez trouver sa forme au féminin singulier nominatif !

Les degrés de l'adjectif **stór**, *grand*
- → **stór**, **stærri**, **stærstur**, *grand*, *plus grand*, *le plus grand*
- → **stór**, **stærri**, **stærst**, *grande*, *plus grande*, *la plus grande*
- → **stórt**, **stærra**, **stærst**, neutre

Déclinaisons de l'adjectif **lítill**, *petit* – 1er degré
- → **lítill**, **lítinn**, **litlum**, **lítils**, *petit* ; **litlir**, **litla**, **litlum**, **lítilla**, *petits*
- → **lítil**, **litla**, **lítilli**, **lítillar**, *petite* ; **litlar**, **litlar**, **litlum**, **lítilla**, *petites*
- → **lítið**, **lítið**, **litlu**, **lítils**, neutre ; **lítil**, **lítil**, **litlum**, **lítilla**, neutre

Les degrés de l'adjectif **lítill**, *petit*
- → **lítill**, **minni**, **minnstur**, *petit*, *plus petit*, *le plus petit*
- → **lítil**, **minni**, **minnst**, *petite*, *plus petite*, *la plus petite*
- → **lítið**, **minna**, **minnst**, neutre

Tout comme pour l'adjectif **hár**, *haut*, n'oubliez pas que l'on peut décliner les degrés !

▲ CONJUGAISON
AÐ ÞEKKJA, *CONNAÎTRE*

Présent de l'indicatif

Ég þekki	*Je connais*
Þú þekkir	*Tu connais*
Hann/Hún/Það þekkir	*Il/Elle/neutre connaît*
Við þekkjum	*Nous connaissons*
Þið þekkið	*Vous connaissez*
Þeir/Þær/Þau þekkja	*Ils/Elles/neutre connaissent*

Remarquez la contraction à la deuxième personne de la forme interrogative :
Þekkir þú? *Tu connais ?* → **Þekkirðu?**

Nous rencontrons aussi la voix moyenne dans la phrase : **Hvernig þekkist þið?** *Comment vous vous connaissez ?*

AÐ VITA, *SAVOIR*

Présent de l'indicatif

Ég veit	Je sais
Þú veist	Tu sais
Hann/Hún/Það veit	Il/Elle/neutre sait
Við vitum	Nous savons
Þið vitið	Vous savez
Þeir/Þær/Þau vita	Ils/Elles/neutre savent

Remarquez la contraction à la deuxième personne de la forme interrogative :
Veist þú? *Tu sais ?* → **Veistu?**

VOCABULAIRE

þú lítur vel út ; að líta (vel/illa) út *tu as bonne mine ; avoir (bonne/ mauvaise) mine* (comme en anglais : ***you look good/bad***)
þú lítur út ; að líta út *tu as l'air ; avoir l'air*
heyrðu ; að heyra *écoute/entends ; entendre*
þekkir ; að þekkja *connais ; connaître*
sem *qui* (ici)
næstum *presque*
hár *haut*
skolhærður *châtain*
frekar *plutôt*
feitur *gros*
grannur *mince*
stæltur *musclé*
liðað ; liðaður *bouclé* (neutre) *; bouclé*
hár(ið), hár (ið), hári(nu), hárs(ins) ; hár(in), hár(in), háru(nu)m, hára(nna) *(le) cheveu ; (les) cheveux*
lágvaxin ; lágvaxinn *petite (de taille) ; petit*
veistu ; að vita *tu sais ; savoir*
um *sur*
undanfarið ; undanfarinn *depuis peu* (neutre) *; depuis peu* (masc.) [litt. *allé devant*]

◆ EXERCICES

1. VOUS AVEZ VU LES DÉCLINAISONS ET LES DEGRÉS DES ADJECTIFS HÁR/HAUT**, STÓR/**GRAND **ET LÍTILL/**PETIT**. EN VOUS APPUYANT SUR CES TROIS EXEMPLES, REMPLISSEZ LE TABLEAU DE DÉCLINAISONS DE L'ADJECTIF STÆLTUR,** MUSCLÉ**.**

	nom. sing.	acc. sing.	dat. sing.	gén. sing.
masc.	stæltur			
fém.				
neutre				

	nom. plur.	acc. plur.	dat. plur.	gén. plur.
masc.				
fém.				
neutre				

2. ÉCOUTEZ LES PHRASES ET RÉPONDEZ VRAI OU FAUX.

a. Systir hans Jóhanns er hávaxin.

☐ VRAI
☐ FAUX

b. Jóhann er með liðað hár.

☐ VRAI
☐ FAUX

c. Stefán er næstum jafnhár Jóhanni.

☐ VRAI
☐ FAUX

d. Jóhann er ekki feitur, hann er grannur.

☐ VRAI
☐ FAUX

e. Jóhann er dökkhærður.

☐ VRAI
☐ FAUX

f. Systir Jóhanns heitir Birna.

☐ VRAI
☐ FAUX

9. ÊTRE EN RETARD

AÐ VERA OF SEIN(N)

OBJECTIFS

- DONNER L'HEURE
- SE REPÉRER DANS L'ESPACE
- SE SITUER DANS UN QUARTIER

NOTIONS

- LA VOIX MOYENNE IMPERSONNELLE
- NOTION DE DURÉE / TEMPS
- VOCABULAIRE DU QUARTIER ET DES LIEUX DE PROXIMITÉ
- VIVRE/HABITER

JE SUIS EN RETARD !

BIRNA : Quelle heure est-il, s'il te plaît ?

STEFÁN : Il est 4 heures. Pourquoi ?

BIRNA : Je suis en retard ! J'ai RDV avec mon frère, à la piscine du quartier.

STEFÁN : À quelle heure tu dois le voir ?

BIRNA : À quatre heures pile, justement !

STEFÁN : C'est bien de vivre dans ce quartier ?

BIRNA : Oui, j'aime vraiment bien. Les voisins sont sympas.

STEFÁN : Ce n'est pas loin à pied de chez toi, la piscine ?

BIRNA : Ce n'est qu'à un quart d'heure. Je traverse le parc, passe devant la pharmacie et je traverse la grande rue. La piscine est à côté du supermarché.

STEFÁN : Bon, je vais devoir prendre un café seul, alors.

BIRNA : Oui, je n'ai pas le temps maintenant, je dois y aller. Désolée. À plus !

ÉG ER ORÐIN OF SEIN!

BIRNA: Hvað er klukkan?

STEFÁN: Hún er fjögur. Hvers vegna?

BIRNA: Ég er orðin of sein! Ég ætla að hitta bróður minn í sundi, hér í hverfinu.

STEFÁN: Klukkan hvað áttu að hitta hann?

BIRNA: Einmitt á slaginu fjögur!

STEFÁN: Er gott að búa í þessu hverfi?

BIRNA: Já, mér finnst það mjög gott. Góðir nágrannar.

STEFÁN: Er ekki langt að ganga í sundlaugina, þaðan sem þú býrð?

BIRNA: Það er ekki nema korters gangur. Ég fer í gegnum garðinn, framhjá apótekinu og svo yfir stóru götuna. Sundlaugin er við hliðina á matvörubúðinni.

STEFÁN: Jæja, ég verð þá bara að fá mér kaffi einn.

BIRNA: Já, ég hef ekki tíma núna, ég verð að fara. Fyrirgefðu. Sjáumst!

COMPRENDRE LE DIALOGUE
L'HEURE

Le système le plus utilisé en Islande pour indiquer l'heure est le système de 12 heures.

Vocabulaire
- **sekúnda**, **sekúndur**, *seconde, secondes*
- **mínúta**, **mínútur**, *minute, minutes*
- **korter**, **korter**, *quart d'heure, quarts d'heure*
- **hálftími**, **hálftímar**, *demi-heure, demi-heures*
- **klukkutími/tími**, **klukkutímar/tímar**, *heure, heures*

tími(nn), tíma(nn), tíma(num), tíma(ns), *(le) temps*
klukka(n), klukku(na), klukku(nni), klukku(nnar), *(l')horloge / (l')heure*

Pour les nombres de 1 à 4, on utilise la forme <u>nominative neutre</u> :
Klukkan er eitt, tvö, þrjú, fjögur, *Il est une, deux, trois, quatre heures.* [litt. l'horloge est une...]

Pour les autres nombres, ils sont figés, comme expliqué dans le chapitre 2 :
Klukkan er fimm, sex, sjö, átta, níu, tíu, ellefu, *Il est cinq, six, sept, huit, neuf, dix, onze heures.*

- **Klukkan er átta**, *Il est huit heures.*
- **Klukkan er eina mínútu gengin í níu/eina mínútu yfir átta**, *Il est huit heures et une minute.*
- **Klukkan er hálfníu**, *Il est huit heures et demie.*
- **Klukkuna vantar korter í níu**, *Il est neuf heures moins le quart.*
- **Klukkuna vantar ellefu mínútur í níu**, *Il est neuf heures moins onze minutes.*
- **Klukkan er á slaginu fjögur**, *Il est quatre heures pile.*
- **á tuttugu mínútum**, *en vingt minutes*
- **í tuttugu mínútur**, *pendant vingt minutes*
- **hann er tuttugu mínútur á leiðinni**, *Il met vingt minutes pour le trajet* [litt. il est vingt minutes sur le trajet].
- **hún er tvo tíma á leiðinni**, *Elle met deux heures.*

Être en retard

REPÈRES SPATIO-TEMPORELS

- **hádegi**, *midi*
- **miðnætti**, *minuit*
- **morgunn**, *matin*
- **eftirmiðdagur**, *après-midi*
- **kvöld**, *soir*
- **á hverjum degi**, *tous les jours*

Klukkan er tólf á hádegi/það er hádegi, *Il est midi.*
Klukkan er tólf á miðnætti/það er miðnætti, *Il est minuit.*

fara í gegnum garðinn, *traverser le parc*
Pour traverser un parc, on rentre dedans, voilà pourquoi on utilise **fara í gegnum**, litt. passer à travers, comme pour traverser un trou/un tunnel.
fara yfir götuna, *traverser la rue*
La rue en revanche, on ne rentre pas dedans, on la traverse tout simplement en passant dessus, **að fara yfir**.

- **við hliðina á**, *à côté de*
- **á móti**, *en face*

Commerces divers pour se repérer dans le quartier

Il est plus facile de se repérer quelque part lorsqu'on peut visualiser et nommer les lieux de vie qui nous entourent :

- **matvörubúð**, *supermarché, supérette*
- **búð, verslun**, *boutique, magasin*
- **markaður**, *marché* [les marchés alimentaires sont rares en Islande]
- **kjötbúð/slátrari**, *boucher*
- **fiskbúð**, *poissonnerie*
- **apótek**, *pharmacie*
- **fatabúð**, *magasin de vêtements*
- **tískuvöruverslun**, *magasin de mode*
- **verslunarmiðstöð**, *centre commercial*

NOTE CULTURELLE

Les quartiers jeunes de Reykjavik sont composés de noms de rue qui font référence à un thème commun. La deuxième partie du nom a donc une terminaison identique à celle de toutes les voies du quartier. Par exemple, **Hlíðarnar** (*les côteaux*) avec des rues comme **Hamrahlíð**, **Drápuhlíð** et **Barmahlíð** ou **Melarnir** (*les élymes*) avec **Grenimelur**, **Reynimelur** et **Hagamelur**. La première « banlieue » de Reykjavik qui est maintenant bien centrale, porte le nom **Norðurmýri**, *le marais du nord*. Les rues de ce quartier sont nommées d'après des personnages de sagas islandaises, par exemple **Guðrúnargata**, **Bollagata** et **Gunnarsbraut**. C'est dans ce quartier que se déroule le roman bien connu d'Arnaldur Indriðason, **Mýrin** (*le marais*) qui a comme titre en France *La Cité des jarres*.

Certains quartiers anciens ne suivent pas cette convention de nommage. Le quartier le plus connu d'Islande et le plus ancien ne suit pas cette appellation traditionnelle : il s'agit du quartier 101 de Reykjavik. Quartier très prisé des touristes pour son animation, il est composé de la rue commerciale **Laugavegur** (*route des lavoirs*), et sa petite sœur, **Skólavörðustígur** (*chemin de la butte de l'école*), la place principale **Lækjartorg** (*place du ruisseau*), le port (**Reykjavíkurhöfn**) et le lac (**Reykjavíkurtjörn**). La toponymie rappelle l'histoire de la ville. Le *chemin des Français*, **Frakkastígur**, doit ainsi son nom à l'hôpital français construit en 1901 pour accueillir des pêcheurs français d'Islande, malades ou naufragés.

La convivialité et la solidarité des Islandais rendent la vie de quartier agréable ; observables essentiellement dans la capitale Reykjavik, – ville qui concentre la moitié de la population du pays, voire les deux tiers avec l'agglomération.

◆GRAMMAIRE
VOIX MOYENNE IMPERSONNELLE

L'utilisation de la voix moyenne sur certains verbes modifie légèrement leur sens, voire leur donne un sens totalement différent. Nous avons déjà vu, dans le chapitre 6, le verbe **að kynna**, *présenter*, **ég kynni**, *je présente*, **ég kynnist**, *je fais connaissance [avec quelqu'un]*. Nous voyons ici la voix moyenne impersonnelle. On parle de conjugaison impersonnelle quand le sujet du verbe se décline, et qu'il n'est donc plus au nominatif.

Le verbe **að finna**, *sentir/trouver*, peut être décliné en voix moyenne personnelle (le sujet est alors au nominatif) et impersonnelle (le sujet est au datif). Il change légèrement de sens à chaque fois.

Indicatif – voix active

Ég finn	*Je sens/trouve*
Þú finnur	*Tu sens/trouves*
Hann/Hún/Það finnur	*Il/Elle/neutre sent/trouve*
Við finnum	*Nous sentons/trouvons*
Þið finnið	*Vous sentez/trouvez*
Þeir/Þær/Þau finna	*Ils/Elles/neutre sentent/trouvent*

Remarquez la contraction à la deuxième personne de la forme interrogative :
Finnur þú? *Tu sens/trouves ?* → **Finnurðu**
À l'indicatif, la voix moyenne personnelle est utilisée pour marquer la réciprocité, comme nous l'avons vu dans le chapitre 6 de la première partie, pour le verbe **að hitta** :
Ég vona að við hittumst aftur síðar. *J'espère qu'on se reverra plus tard.*

Pour le verbe **að finna**, la voix moyenne personnelle signifie *être retrouvé (par quelqu'un)*, ou remplace le pronom réfléchi :
Jóhann finnst á kaffihúsinu. *Jóhann se trouve au café.*

Ég finnst
Þú finnst
Hann/Hún/Það finnst
Við finnumst
Þið finnist
Þeir/Þær/Þau finnast

À l'indicatif, la voix moyenne impersonnelle est employée pour donner son ressenti, son opinion.
Mér finnst gott að búa í þessu hverfi, *je trouve qu'il fait bon vivre dans ce quartier.*

Mér finnst
Þér finnst
Honum/Henni/Því finnst
Okkur finnst
Ykkur finnst
Þeim/Þeim/Þeim finnst

▲ CONJUGAISON
LE VERBE AÐ BÚA – *HABITER/VIVRE*

Ég bý	J'habite
Þú býrð	Tu habites
Hann/Hún/Það býr	Il/Elle/neutre habite
Við búum	Nous habitons
Þið búið	Vous habitez
Þeir/Þær/Þau búa	Ils/Elles/neutre habite

Remarquez la contraction à la deuxième personne de la forme interrogative :
Býrð þú? *Tu habites ?* → **Býrðu?**

VOCABULAIRE

orðin ; orðinn devenue ; devenu
of trop
sein ; seinn en retard (fém.) ; en
retard (masc.)
klukkan l'heure
hvers vegna pourquoi
hvert, hvert, hverju, hvers ; hver
qui/quoi (pronom neutre) ; qui/
quoi (masc.)
vegna à cause de...
hverfi(ð), hverfi(ð), hverfi(nu),
hverfis(ins) (le) quartier
einmitt justement
á slaginu pile à l'heure
slag(ið), slag(ið, slagi(nu),
slags(ins) (la) frappe / (la)
sonnerie d'horloge
mér finnst ; að finna je trouve ;
trouver/sentir
nágranni(nn), nágranna(nn),
nágranna(num), nágranna(ns) ;
nágranna (nir), nágranna(na),
nágrönnu(nu)m,
nágranna(nna) (le) voisin ; (les)
voisins
langt ; langur loin (neutre) ; loin
(masc.)
að ganga marcher
sundlaug(in), sundlaug(ina),
sundlaug(inni),
sundlaugar(innar) ;
sundlaugar(nar),
sundlaugar(nar),
sundlaugu(nu)m,
sundlauga(nna) (la) piscine ; (les)
piscines
sund(ið), sund(ið), sundi (nu),
sunds(ins) à la piscine (raccourci
de sundlaug, piscine)
þaðan de là où
býrð ; að búa habites ; habiter
nema sauf
ekki nema ne ... que
korter, korter, korteri, korters ;
korter, korter, korterum,
kortera quart d'heure ; quarts
d'heures
gegnum à travers
framhjá devant (dans le
mouvement, passer devant)
apótek(ið), apótek(ið),
apóteki(nu), apóteks(ins) (la)
pharmacie
yfir au-dessus
gata(n), götu(na), götu(nni),
götu(nnar) ; götur(nar),
götur(nar), götu(nu)m,
gatna(nna) (la) rue ; (les) rues
við hliðina á à côté de
matvörubúð(in),
matvörubúð(ina),
matvörubúð(inni),
matvörubúðar(innar) (le)
supermarché
tíma temps
núna maintenant

● EXERCICES

1.I. ÉCOUTEZ LES QUESTIONS ET RETRANSCRIVEZ-LES PAR ÉCRIT. LISEZ-LES ENSUITE À HAUTE VOIX.

Questions	Réponses
a. Er gott að búa í þessu hverfi ?	Já, Birnu finnst það mjög gott.
b.	
c.	
d.	
e.	

II. LES RÉPONSES SONT DONNÉES CI-DESSOUS, INSCRIVEZ-LES DANS LE TABLEAU.

Nei, hann er ekki orðinn of seinn.

Já, Birnu finnst það mjög gott.

Nei, hann fær sér kaffi einn.

Nei, matvörubúðin er við hliðina á sundlauginni.

Það er korters gangur þangað.

2. HVAÐ ER KLUKKAN? DONNEZ L'HEURE, ÉCRITE EN TOUTES LETTRES :

a. 8h22 : ....

b. 11h30 : ....

c. 00h15 : ....

d. 6h48 : ....

e. 12h09 : ....

10.
LA ROUTINE

HVERSDAGSLÍF

OBJECTIFS	NOTIONS
- **CONNAÎTRE LES PIÈCES D'UN LOGEMENT** - **POUVOIR PARLER DU QUOTIDIEN** - **DÉCRIRE LES GESTES DU QUOTIDIEN**	- **LE PRÉTÉRIT** - **LES VERBES PARTIR ET POUVOIR** - **ELSKAN MÍN** - **VOCABULAIRE DE LA MAISON**

RANGER LE LINGE, METTRE LA TABLE

GUÐRÚN : J'ai mis une machine à laver hier, tu peux ranger le linge sec dans la chambre [s'il te plait] ?

JÓHANN : Oui, je le fais maman.

GUÐRÚN : J'ai lavé le sol de la cuisine aujourd'hui, ne salis pas tout !

JÓHANN : J'ai enlevé mes chaussures dans l'entrée.

GUÐRÚN : Merci, mon chéri. Tu prends une douche avant le repas ?

JÓHANN : Non, je suis allé à la piscine sur le chemin du retour.

GUÐRÚN : Tu as alors le temps de mettre la table, mais mets ta serviette et ton maillot de bain à sécher dans la salle de bain avant.

JÓHANN : Pas de problème, on mange dans le salon ?

GUÐRÚN : Oui, sur la table de la salle à manger. La nappe et les chaises sont dans le débarras.

JÓHANN : Où est mon fauteuil ?

GUÐRÚN : Dans le garage ! Nous sommes si nombreux ce soir.

12 GANGA FRÁ ÞVOTTI OG LEGGJA Á BORÐ

GUÐRÚN: Ég setti í þvottavél í gær, getur þú gengið frá þurra þvottinum inni í herbergi?

JÓHANN: Já, ég geri það, mamma mín.

GUÐRÚN: Ég skúraði eldhúsgólfið í dag, þú mátt ekki spora allt út!

JÓHANN: Ég fór úr skónum í forstofunni.

GUÐRÚN: Takk elskan mín. Ætlar þú í sturtu fyrir matinn?

JÓHANN: Nei, ég fór í sund á leiðinni heim.

GUÐRÚN: Þú hefur þá tíma til leggja á borð, en hengdu fyrst handklæðið og sundskýluna til þerris í baðherberginu.

JÓHANN: Ekki málið, borðum við ekki í stofunni?

GUÐRÚN: Jú, við borðstofuborðið. Dúkurinn og stólarnir eru inni í geymslu.

JÓHANN: Hvar er hægindastóllinn minn?

GUÐRÚN: Úti í bílskúr! Við erum svo mörg í kvöld.

■COMPRENDRE LE DIALOGUE

ELSKAN MÍN

Peu importe qu'il s'agisse d'un chéri ou d'une chérie. En Islandais, on utilise toujours ce nom féminin **elska(n)**, pour celui ou celle qu'on aime, donc toujours avec le pronom possessif au féminin, **mín**. Nous verrons en détail le verbe **að elska**, *aimer*, dans le chapitre suivant. Un peu de patience !

L'UNIVERS DOMESTIQUE

Les pièces de la maison

→ **herbergi(ð)**, **herbergi(ð)**, **herbergi(nu)**, **herbergis(ins)**, *(la) chambre*
→ **herbergi(n)**, **herbergi(n)**, **herbergju(nu)m**, **herbergja(nna)**, *(les) chambres*
→ **forstofa(n)**, **forstofu(na)**, **forstofu(nni)**, **forstofu(nnar)**, *(l')entrée*
→ **eldhús(ið)**, **eldhús(ið)**, **eldhúsi(nu)**, **eldhúss(ins)**, *(la) cuisine*
→ **stofa(n)**, **stofu(na)**, **stofu(nni)**, **stofu(nnar)**, *(le) salon*
→ **borðstofa(n)**, *(la) salle à manger* (pour les déclinaisons, voir **stofa**)
→ **baðherbergi(ð)**, *(la) salle de bain* (pour les déclinaisons, voir **herbergi**)
→ **þvottahús(ið)**, **þvottahús(ið)**, **þvottahús(inu)**, **þvottahúss(ins)**, *(la) buanderie*
→ **geymsla(n)**, **geymslu(na)**, **geymslu(nni)**, **geymslu(nnar)**, *(le) débarras*
→ **bílskúr(inn)**, **bílskúr(inn)**, **bílskúr(num)**, **bílskúrs(ins)**, *(le) garage*

Vocabulaire de la maison

→ **þvottur(inn)**, **þvott(inn)**, **þvotti(num)**, **þvotts(ins)**, *(le) linge* (**óhreinn þvottur**, *linge sale*, **hreinn þvottur**, *linge lavé*)
→ **þvottavél(in)**, **þvottavél(ina)**, **þvottavél(inni)**, **þvottavélar(innar)**, *(la) machine à laver*
→ **sturta(n)**, **sturtu(na)**, **sturtu(nni)**, **sturtu(nnar)**, *(la) douche*
→ **bað(ið)**, **bað(ið)**, **bað(inu)**, **baðs(ins)**, *(la) baignoire*
→ **máltíð(in)**, **máltíð(ina)**, **máltíð(inni)**, **máltíðar(innar)**, *(le) repas*
→ **leggja á borð**, *mettre la table*
→ **handklæði(ð)**, **handklæði(ð)**, **handklæði(nu)**, **handklæðis(ins)**, *(la) serviette*
→ **dúkur(inn)**, **dúk(inn)**, **dúk(num)**, **dúks(ins)**, *(la) nappe*
→ **stóll(inn)**, **stól(inn)**, **stól(num)**, **stóls(ins)**, *(la) chaise*
→ **hægindastóll**, *fauteuil* [litt. chaise de confort] (pour les déclinaisons, voir **stóll**)

NOTE CULTURELLE

La piscine

Les piscines jouent un rôle important dans la vie des Islandais. Il y en a dans quasiment chaque commune, et beaucoup d'Islandais y vont tous les jours. L'important n'est pas de nager sur de grandes distances – courses réservées aux sportifs –, mais bien de passer un bon moment dans le **heiti pottur**, le « pot chaud ». Ces jacuzzis ou bassins à l'eau bien chaude permettent aux gens de discuter politique et autres affaires importantes du moment tout en se prélassant. Dans chaque piscine, il y a plusieurs bassins, aux températures variant entre 30 et 44°C.

Chaque baigneur a ses petites habitudes. Les matinaux viennent à horaires bien fixes pour discuter. En fin d'après-midi, on trouve des familles entières qui viennent se relaxer après une journée active, et d'une pierre deux coups : tout le monde a déjà pris son bain du soir ! Car à la piscine en Islande, on se lave avant d'entrer dans l'eau pour garder la piscine bien propre et en sortant pour ne pas sentir le chlore. Et pas question de se laver avec son maillot, dans les douches c'est tenue d'Eve et d'Adam pour tout le monde !

Les bassins sont essentiellement à l'extérieur, utilisant les sources d'eau chaude islandaises. Cette habitude est un des seuls moyens de passer un peu de temps dehors durant les rudes journées hivernales. Il n'y a rien de plus agréable qu'un bain bien chaud sous une tempête de neige !

að fara í sund : *aller à la piscine*
að synda : *nager*
að liggja í heita pottinum : *traîner [rester allongé] dans le bassin d'eau chaude.*
sundskýla : *maillot de bain pour homme*, **sundbolur**, *maillot de bain pour femme.*
Pour le *bikini*, c'est simple : on dit **bikiní** en islandais aussi !

GRAMMAIRE
LE PRÉTÉRIT

L'islandais est une des rares langues à avoir gardé le passé simple dans le langage courant. Le prétérit est le seul temps du passé en islandais : il correspond à la fois au passé composé, à l'imparfait et au passé simple français. Le prétérit d'un verbe peut servir à déterminer si le verbe est faible ou fort.

Le passé d'un verbe faible se termine par **-aði**, **-ði**, **-di**, **-ti**, à la 1re pers. du sing. de l'indicatif :

að skúra, *laver le sol* → **ég skúraði**, *j'ai lavé le sol*
að kaupa, *acheter* → **ég keypti**, *j'ai acheté*
að setja, *mettre* → **ég setti**, *j'ai mis*

Voici la grille de quelques verbes faibles présents dans ce dialogue :

	að gera, *faire*	að leggja, *mettre*	að setja, *mettre*
ég	gerði	lagði	setti
þú	gerðir	lagðir	settir
hann/hún/það	gerði	lagði	setti
við	gerðum	lögðum	settum
þið	gerðuð	lögðuð	settuð
þeir/þær/þau	gerðu	lögðu	settu

Les verbes forts ont au passé un radical pour le singulier, et un second pour le pluriel. Petite particularité : il n'y a aucune terminaison aux 1re et 3e pers. du sing. de l'indicatif :

Að fara, *partir/aller* → **ég fór**, *je suis parti*

Pour obtenir le passé des verbes forts, il faut ajouter les terminaisons suivantes :

	að ganga, *marcher*	að fara, *partir, aller*	að vera, *être*
ég	gekk	fór	var
þú	gekkst	fórst	varst
hann/hún/það	gekk	fór	var
við	gengum	fórum	vorum
þið	genguð	fóruð	voruð
þeir/þær/þau	gengu	fóru	voru

Vous remarquez que les terminaisons du pluriel sont identiques à celles des verbes faibles.

Il y a plus de verbes faibles que de verbes forts.

On trouve aussi 11 verbes dits mixtes en islandais, qui ont les terminaisons des verbes faibles au sing. passé, alors qu'au sing. présent de l'indicatif, les terminaisons sont celles des verbes forts.

Exemple : **að mega** – **má/mátt/má** (présent fort) – **mátti/máttir/mátti** (passé faible), *pouvoir* – *je peux* – *j'ai pu* ou *avoir le droit*.

Þú mátt ekki spora allt út, *Tu ne peux pas tout salir*.

Jóhann mátti ekki spora allt út, *Jóhann ne pouvait pas tout salir*.

▲ CONJUGAISON
LES VERBES *POUVOIR* :

að geta [avoir la capacité]

Présent	
Ég get	*Je peux*
Þú getur	*Tu peux*
Hann/Hún/Það getur	*Il/Elle/neutre peut*
Við getum	*Nous pouvons*
Þið getið	*Vous pouvez*
Þeir/Þær/Þau geta	*Ils/Elles/neutre peuvent*

Remarquez la contraction à la deuxième personne de la forme interrogative :
Getur þú? *Tu peux ?* → **Geturðu?**

Passé	
Ég gat	*J'ai pu*
Þú gast	*Tu as pu*
Hann/Hún/Það gat	*Il/Elle/neutre a pu*
Við gátum	*Nous avons pu*
Þið gátuð	*Vous avez pu*
Þeir/Þær/Þau gátu	*Ils/Elles/neutre ont pu*

að mega [avoir le droit]

Présent	
Ég má	*Je peux*
Þú mátt	*Tu peux*
Hann/Hún/Það má	*Il/Elle/neutre peut*
Við megum	*Nous pouvons*
Þið megið	*Vous pouvez*
Þeir/Þær/Þau mega	*Ils/Elles/neutre peuvent*

Remarquez la contraction à la deuxième personne de la forme interrogative :
Mátt þú? *Tu peux ?* → **Máttu?**

Passé	
Ég mátti	*J'ai pu*
Þú máttir	*Tu as pu*
Hann/Hún/Það mátti	*Il/Elle/neutre a pu*
Við máttum	*Nous avons pu*
Þið máttuð	*Vous avez pu*
Þeir/Þær/Þau máttu	*Ils/Elles/neutre ont pu*

Le verbe *avoir* – **að hafa**

Présent	
Ég hef	*J'ai*
Þú hefur	*Tu as*
Hann/Hún/Það hefur	*Il/Elle/neutre a*
Við höfum	*Nous avons*
Þið hafið	*Vous avez*
Þeir/Þær/Þau hafa	*Ils/Elles/neutre ont*

Remarquez la contraction à la deuxième personne de la forme interrogative : **Hefur þú?** *Tu as ?* → **Hefurðu?**

Passé	
Ég hafði	*J'ai eu*
Þú hafðir	*Tu as eu*
Hann/Hún/Það hafði	*Il/Elle/neutre a eu*
Við höfðum	*Nous avons eu*
Þið höfðuð	*Vous avez eu*
Þeir/Þær/Þau höfðu	*Ils/Elles/neutre ont eu*

VOCABULAIRE

ég setti ; að setja *j'ai mis ; mettre*
þvottavél *machine à laver*
í gær *hier*
gengið ; að ganga *marché ; marcher*
að ganga frá (+ nom au datif) *ranger (qqch)*
þurra ; þurr *sèche (décl. faible, acc.) ; sèche*
þvottur(inn), þvott(inn), þvotti(num), þvottar(ins) *(le) linge (à laver ou lavé)*
inni *dedans*
herbergi *chambre*
skúraði ; að skúra *ai lavé le sol ; laver le sol*
eldhúsgólf(ið), gólf(ið), gólf(inu), gólfs(ins) ; gólf(in), gólf(in), gólf(unum), gólf(anna) *(le) sol ; (les) sols*
að spora *faire des traces, salir*
út (ici) *complètement* (mais aussi : **út** = mouvement vers le dehors)
fór ; að fara *suis parti/suis allé ; partir/aller*
fór úr ; að fara úr *ai enlevé (pour vêtements) ; enlever/se déshabiller*
skór(inn), skó(inn), skó(num), skós(ins) ; skór(nir), skó(na), skó(nu)m, skó(nna) *(la) chaussure ; (les) chaussures*
forstofunni *(l')entrée*
elska(n), elsku(na), elsku(nni), elsku(nnar) ; elskur(nar), elskur(nar), elsku(nu)m,
elska(nna) *(la) chérie/(le) chéri ; (les) chéris/chéries*
sturta, sturtu, sturtu, sturtu ; sturtur, sturtur, sturtum, sturta *douche ; douches*
að fara í sund *aller à la piscine*
að leggja *mettre*
borð, borð, borði, borðs ; borð, borð, borðum, borða *(la) table ; (les) tables*
hengdu ; að hengja *accroche ; accrocher/pendre*
fyrst *d'abord*
handklæðið *serviette*
sundskýla(n), sundskýlu(na), -skýlu(nni), -skýlu(nnar) ; sundskýlur(nar), -skýlur(nar), skýlu(nu)m, skýla(nna) *(le) maillot ; (les) maillots*
til þerris *à sécher*
baðherberginu *la salle de bain*
ekki málið *pas de problème*
borðum ; að borða *mangeons ; manger*
stofunni *salon*
borðstofuborðið *table de la salle à manger*
dúkur(inn), dúk(inn), dúk(num), dúks(ins) *nappe*
stólarnir *(les) chaises*
geymslu *débarras*
hægindastóllinn *(le) fauteuil*
bílskúr *garage*
mörg ; margir *nombreux (neutre) ; nombreux (masc.)*
í kvöld *ce soir*

◆ EXERCICES

1. LES PHRASES SUIVANTES SONT AU PRÉSENT. CONJUGUEZ-LES AU PASSÉ PUIS ÉCOUTEZ L'ENREGISTREMENT POUR VÉRIFIER VOS RÉPONSES ET RÉPÉTEZ-LES À HAUTE VOIX.

a. Ég get sett í þvottavélina.

→

b. Við erum búin að leggja á borð.

→

c. Þið megið drekka vatn.

→

d. Hann má ekki spora út.

→

e. Mamma fer í sund.

→

f. Pabbi gengur inn í eldhúsið.

→

g. Hún drekkur vín.

→

2. REMPLISSEZ LA GRILLE DE CONJUGAISON DE VERBES, IL N'Y A PAS D'ALTERNANCE VOCALIQUE, N'AYEZ AUCUNE CRAINTE :

verbe	að skúra (laver le sol)	að spora (salir avec les chaussures)	(aller/avoir l'intention de)
ég	skúraði		
þú			
hann/hún/það			ætlaði
við	skúruðum		
þið		sporuðuð	
þeir/þær/þau			

La routine

11.
AIMER

AÐ ELSKA

OBJECTIFS	NOTIONS
- S'EXPRIMER AU FUTUR - DIRE CE QUE L'ON AIME - LES RELATIONS AMOUREUSES	- LE VERBE AIMER - VOCABULAIRE AMOUREUX - LES DÉCLINAISONS DES ADJECTIFS – SUITE

AIMER OU NE PAS AIMER

BIRNA : J'aime le chocolat !

YNGVI : Non, Birna, tu sais qu'il ne faut pas dire qu'on aime autre chose que les gens ou les animaux.

BIRNA : Aïe, oui, je le sais bien. Mais qu'est-ce qu'on dit pour le chocolat ? Il m'est cher ?

YNGVI : Non, tu dis que tu trouves que le chocolat c'est bon. Que le chocolat est la meilleure chose que tu peux avoir.

BIRNA : D'accord. Je vais mieux m'appliquer la prochaine fois. Mais quelles sont les nouvelles de tes amours ? Tu as toujours le béguin pour Palli ?

YNGVI : Non, il sort avec un autre garçon. Je l'aime beaucoup, mais nous ne serons jamais en couple. Et toi ? Tu en pinces pour Jóhann ?

BIRNA : Je ne sais pas. Il est drôle, et mignon aussi, mais je ne suis pas amoureuse. Je n'ai pas le cœur qui bat quand je le vois.

YNGVI : Ah, bon, vous ne sortez pas ensemble ?

BIRNA : Il ne m'a pas encore embrassée...

YNGVI : Hein ? Et toi, tu l'as embrassé ?

AÐ ELSKA EÐA EKKI ELSKA

BIRNA: Ég elska súkkulaði!

YNGVI: Nei, Birna, þú veist að þú mátt ekki nota orðið að elska um neitt nema fólk og kannski dýr.

BIRNA: Æ, já, ég veit það vel. En hvað segir maður þá um súkkulaði? Mér þykir vænt um súkkulaði?

YNGVI: Nei, þú segir að þér þyki súkkulaði gott. Að súkkulaði sé það besta sem þú færð.

BIRNA: Allt í lagi, ég skal vanda mig betur næst. En hvað er annars að frétta af þínum ástamálum? Ertu ennþá skotinn í Palla?

YNGVI: Nei. Hann er byrjaður með öðrum strák. Mér þykir vænt um hann en við verðum aldrei kærustupar. En þú, ertu hrifin af Jóhanni?

BIRNA: Ég veit það ekki. Hann er mjög skemmtilegur og líka sætur, en ég er ekki ástfangin. Ég fæ ekki hjartslátt þegar ég hitti hann.

YNGVI: Eruð þið ekki saman?

BIRNA: Hann hefur ekki kysst mig ennþá...

YNGVI: Ha? En þú? Hefur þú kysst hann?

■ COMPRENDRE LE DIALOGUE
LE VERBE AIMER : À UTILISER AVEC MODÉRATION !

Yngvi a tout à fait raison quand il sermonne Birna dans le dialogue sur l'emploi du verbe aimer. En islandais, on doit utiliser le verbe **að elska**, *aimer*, avec précaution. Aujourd'hui, on utilise le verbe **að elska** pour dire par exemple **ég elska súkkulaði**, *j'aime le chocolat*, mais c'est une traduction directe et littérale de l'anglais, *I love chocolate*. Et c'est mal considéré. Pour dire qu'on aime quelque chose, il faut donc dire :

Mér finnst súkkulaði gott, *Je trouve que le chocolat est bon.*
Súkkulaði er það besta sem ég fæ, *Le chocolat c'est la meilleure chose que je mange.*

Lorsqu'on parle d'amitié, on peut utiliser *aimer*, mais pour paraître un peu moins radical on dit alors :

Mér þykir vænt um þig, *Je t'aime bien, je te chéris.*

Les relations, c'est parfois un peu compliqué

- **að elska**, *aimer*
- **að vera skotinn í einhverjum**, *avoir le béguin pour quelqu'un*
- **að vera ástfanginn af einhverjum**, *être amoureux de quelqu'un*
- **Ert þú skotin í Jóhanni ?** *Tu en pinces pour Jóhann ?*
- **Að vera með hjartslátt**, *avoir le cœur qui bat*
- **Að kyssa**, *embrasser*
- **Að vera kærustupar**, *être en couple*
- **Að vera saman**, *sortir avec qqn*
- **vinur, vin, vini, vinar**, *ami* / **vinir, vini, vinum, vina**, *amis*
- **Að vera vinir**, *être des amis* – **við erum vinir**, *nous sommes (des) amis*
- **kærustupar**, *couple d'amoureux*
- **kærasti**, *petit copain* – **kærasta**, *petite copine*
- **að hætta með einhverjum**, *rompre avec quelqu'un* [litt. arrêter avec quelqu'un]
- **konan mín**, *ma femme*
- **maðurinn minn**, *mon mari*
- **ást**, *amour*

Aimer

NOTE CULTURELLE

Les rapports entre homme et femme sont directs en Islande. La femme est l'égale de l'homme, chacun drague à sa guise. L'homosexualité est aujourd'hui bien acceptée : l'Islande, comme les autres pays scandinaves, reconnaît le mariage entre personnes du même sexe. Il aura fallu quand même se battre pour voir apparaître des mots non-péjoratifs pour désigner les *lesbiennes*, **lesbíurnar**, les *gays*, **hommana**, les *homosexuels*, **samkynhneigða**. Mais en l'espace de quelques années, l'Islande est devenue un modèle de tolérance, les unions sont possibles depuis 1996. L'adoption, depuis 2006.

 ## GRAMMAIRE
LE FUTUR AVEC LE VERBE AÐ VERÐA

Nous avons vu ce verbe, **að verða**, *devoir/devenir*, dans le chapitre 6. Ici, il est encore utilisé pour marquer le futur du verbe *être* :
Við verðum aldrei kærustupar, *Nous ne serons jamais en couple*.

LA DÉCLINAISON DES ADJECTIFS

Il est temps de se rendre compte qu'un adjectif peut être décliné dans les trois degrés, les trois genres, les deux nombres, et en faible ou fort.
Il y a donc 10 tableaux, chacun comportant les trois genres et les 4 cas, ce qui nous donne 120 résultats. La bonne nouvelle, c'est que parfois il n'y a aucune variation dans les déclinaisons.
Observons l'adjectif **góður**, *bon* :

1er degré fort

	singulier			pluriel		
	masc.	fém.	neutre	masc.	fém.	neutre
nom.	góður	góð	gott	góðir	góðar	góð
acc.	góðan	góða	gott	góða	góðar	góð
dat.	góðum	góðri	góðu	góðum	góðum	góðum
gén.	góðs	góðrar	góðs	góðra	góðra	góðra

Nous constatons que le datif et le génitif pluriel est identique pour les trois genres.

1er degré faible

	singulier			pluriel		
	masc.	fém.	neutre	masc.	fém.	neutre
nom.	**góði**	**góða**	**góða**	**góðu**	**góðu**	**góðu**
acc.	**góða**	**góðu**	**góða**	**góðu**	**góðu**	**góðu**
dat.	**góða**	**góðu**	**góða**	**góðu**	**góðu**	**góðu**
gén.	**góða**	**góðu**	**góða**	**góðu**	**góðu**	**góðu**

Vous constatez qu'il n'y a pas de variation au pluriel.

Comparatif faible

	singulier			pluriel		
	masc.	fém.	neutre	masc.	fém.	neutre
nom.	**betri**	**betri**	**betra**	**betri**	**betri**	**betri**
acc.	**betri**	**betri**	**betra**	**betri**	**betri**	**betri**
dat.	**betri**	**betri**	**betra**	**betri**	**betri**	**betri**
gén.	**betri**	**betri**	**betra**	**betri**	**betri**	**betri**

Vous voyez qu'il n'y a vraiment pas de grandes variations ici encore ! Pas de déclinaison forte au comparatif.

Superlatif fort

	singulier			pluriel		
	masc.	fém.	neutre	masc.	fém.	neutre
nom.	**bestur**	**best**	**best**	**bestir**	**bestar**	**best**
acc.	**bestan**	**besta**	**best**	**besta**	**bestar**	**best**
dat.	**bestum**	**bestri**	**bestu**	**bestum**	**bestum**	**bestum**
gén.	**bests**	**bestrar**	**bests**	**bestra**	**bestra**	**bestra**

Comme au 1er degré, le datif et le génitif pluriel sont les mêmes pour tous les genres.

Superlatif faible

	singulier			pluriel		
	masc.	fém.	neutre	masc.	fém.	neutre
nom.	besti	besta	besta	bestu	bestu	bestu
acc.	besta	bestu	besta	bestu	bestu	bestu
dat.	besta	bestu	besta	bestu	bestu	bestu
gén.	besta	bestu	besta	bestu	bestu	bestu

Encore, peu de variations avec la déclinaison faible, surtout au pluriel.

▲ CONJUGAISON

LE VERBE AIMER – AÐ ELSKA

Ég elska	J'aime
Þú elskar	Tu aimes
Hann/Hún/Það elskar	Il/Elle/neutre aime
Við elskum	Nous aimons
Þið elskið	Vous aimez
Þeir/Þær/Þau elska	Ils/Elles/neutre aiment

Remarquez la contraction à la deuxième personne de la forme interrogative :
Elskar þú? *Tu aimes ?* → **Elskarðu?**

CONJUGAISON IMPERSONNELLE

Dans ce dialogue nous trouvons une voix active impersonnelle par le biais du verbe **að þykja**, qui signifie alors *trouver (que)* :
Mér þykir súkkulaði gott, *Je trouve que le chocolat est bon.*

Mér þykir	Je trouve
Þér þykir	Tu trouves
Honum/Henni/Því þykir	Il/Elle/neutre trouve
Okkur þykir	Nous trouvons
Ykkur þykir	Vous trouvez
Þeim/Þeim/Þeim þykir	Ils/Elles/neutre trouvent

EXERCICES

1. COMPLÉTEZ LES PHRASES AVEC L'ADJECTIF GÓÐUR/BON PUIS ÉCOUTEZ L'ENREGISTREMENT POUR VÉRIFIER VOS RÉPONSES ET RÉPÉTEZ-LES À HAUTE VOIX.

a. Súkkulaði er ....

b. Súkkulaði er .... en kaffi.

c. Birna er .... kona.

d. Yngvi er .... kaffiþjónn.

e. Yngvi er .... kaffiþjónninn á kaffihúsinu.

2. REMPLISSEZ LE TABLEAU AVEC L'ADJECTIF SKOTINN (*AVOIR LE BÉGUIN*), EN VOUS RÉFÉRANT AU TABLEAU DE L'ADJECTIF GÓÐUR, ET EN OBSERVANT LES CASES PRÉ-REMPLIES :

Superlatif fort

	singulier		
	masc.	fém.	neutre
nom.		skotnust	skotnast
acc.	skotnastan	skotnasta	
dat.	skotnustum		
gén.			skotnasts

	pluriel		
	masc.	fém.	neutre
nom.			
acc.			skotnust
dat.		skotnustum	
gén.			skotnastra

VOCABULAIRE

ég elska ; að elska, *j'aime ; aimer*
þú mátt ekki ; að mega *tu n'as pas le droit ; avoir le droit / pouvoir (autorisation)*
að nota *utiliser*
orð(ið), orð(ið), orði(nu), orðs(ins) ; orð(in), orð(in), orðu(nu)m, orða(nna) *(le) mot ; (les) mots*
neitt ; neinn *rien* (neutre) *; rien* (masc.)
nema *sauf*
fólk, fólk, fólki, fólks *gens* [nb. sing. en islandais mais plur. en français]
kannski *peut-être*
dýr, dýr, dýri, dýrs ; dýr, dýr, dýrum, dýra *animal ; animaux*
æ *aïe*
súkkulaði, súkkulaði, súkkulaði, súkkulaðis *chocolat* (pas de plur.)
mér þykir vænt um *j'aime beaucoup*
að þykja *être considéré,* imp. *trouver*
vænt ; vænn *gentil* (neutre) *; gentil* (masc.)
segir ; að segja *dit ; dire*
sé ; að vera *soit ; être*
besta ; góður *meilleur ; bon*
allt í lagi *d'accord/ok* [litt. *tout est bon*]
allt *tout*
lag, lag, lagi, lags *règle/ordre*
að vanda ; að vanda sig ; ég skal vanda mig *soigner ; faire quelque chose bien ; je vais faire attention/mieux*
ástamál, ástamál, ástamálum, ástamála *histoires / affaires d'amour*
skotinn ; að skjóta *en pincer pour ; tirer*
skemmtilegur *drôle/amusant*
ástfangin ; ástfanginn *amoureuse ; amoureux*
hjartsláttur, hjartsiátt, hjartslætti, hjartsláttar ; hjartslættir, hjartslætti, hjartsláttum, hjartslátta *battement de cœur ; battements de cœur*
saman *ensemble*
kysst ; að kyssa *embrassé ; embrasser*

12.
CUISINE
MATARGERÐ

OBJECTIFS

- PARLER DES REPAS ET ÉNONCER LES PLATS TRADITIONNELS
- EXPRIMER SES GOÛTS ET PRÉFÉRENCES SUR LA CUISINE

NOTIONS

- LES JOURS DE LA SEMAINE
- LES PRONOMS DÉMONSTRATIFS
- RAPPEL DE L'ARTICLE DÉFINI
- LE VERBE MANGER

QU'EST-CE QU'ON MANGE ?

YNGVI : Tu manges du porridge le matin ?

DÍSA : Berk, non ! Je n'aime pas le porridge. Je prends rarement le petit-déjeuner [litt. je mange rarement le petit-déjeuner].

YNGVI : Ah, j'aime tellement ça.

DÍSA : Du pain grillé avec du fromage et de la confiture, c'est beaucoup mieux.

YNGVI : Je prends toujours du pain avec de la charcuterie au déjeuner.

DÍSA : Je préfère manger un repas chaud à midi.

YNGVI : Ma mère sert toujours un plat chaud le soir. Le plus souvent un plat traditionnel islandais : poisson cuit à l'eau et pommes de terre, ou même du pot-au-feu avec des rutabagas.

DÍSA : Elle fait partie de ceux qui pensent que les pâtes ce n'est pas de la nourriture ? Tu as peut-être parfois des saucisses aussi ?

YNGVI : Miam, oui. Saucisses de cheval avec de la béchamel tous les mercredis !

HVAÐ ER Í MATINN?

YNGVI: Borðar þú hafragraut á morgnana?

DÍSA: Oj, nei! Mér finnst hafragrautur vondur. Ég borða sjaldan morgunverð.

YNGVI: Ó, mér finnst hann svo góður.

DÍSA: Ristað brauð með osti og sultu er miklu betra.

YNGVI: Ég fæ mér alltaf brauð og álegg í hádegismat.

DÍSA: Mér finnst betra að borða heita máltíð í hádeginu.

YNGVI: Mamma er alltaf með heitan mat á kvöldin. Oftast gamaldags íslenskan mat, soðinn fisk og kartöflur eða jafnvel kjötsúpu með rófum.

DÍSA: Er hún ein af þeim sem finnst pasta ekki vera matur? Færðu kannski stundum bjúgu líka?

YNGVI: Namm, já. Hrossabjúgu með uppstúf á miðvikudögum!

■ COMPRENDRE LE DIALOGUE
QU'EST-CE QU'ON MANGE ?

La gastronomie a longtemps été méconnue en Islande, et la cuisine familiale propose des plats composés des produits de base cultivés sur l'île : **fiskur**, *le poisson*, **lamb**, *l'agneau*, **kartöflur**, les *pommes de terre*, **rófur**, les *rutabagas*, etc.

Les plats exotiques tels que les pâtes ou les pizzas sont arrivés récemment en Islande, d'où la remarque de Dísa dans le dialogue, qui parle d'une génération plus ancienne qui a du mal à les considérer comme de la « vraie » nourriture.

Vocabulaire culinaire

- → **morgunverður**, **morgunmatur**, *petit-déjeuner*
- → **hádegisverður**, **hádegismatur**, *déjeuner*
- → **drekkutími**, *le goûter*
- → **kvöldverður**, **kvöldmatur**, *dîner*
- → **matur**, *nourriture* mais aussi utilisé pour *plat* ou *repas*
- → **máltíð**, *repas*
- → **snarl**, *collation*
- → **eftirmiðdagskaffi**, *café de l'après-midi*
- → **að borða**, *manger*
- → **að elda**, *cuisiner*
- → **að sjóða**, *faire cuire à l'eau*
- → **að steikja**, *frire*
- → **að baka**, *faire cuire au four*

Remarque : dans ce dialogue, on emprunte au danois le mot **uppstúf**, *béchamel*, qui se dit **jafningur** en islandais. Les deux mots sont d'usage.

AÐ RISTA – AÐ GRILLA

Dans le dialogue, nous parlons de *pain grillé*, le **ristað brauð**. Le verbe **að rista** veut dire *griller*. Mais attention il y a un autre verbe pour parler de la nourriture grillée au barbecue, un verbe certes apporté de l'étranger : **að grilla**. Le barbecue est un sport national en Islande, on peut être invité à un barbecue en plein hiver, une tempête de neige n'arrête pas le chef qui se met sous une couverture pour surveiller la cuisson. Le repas sera toutefois servi à l'intérieur…

LES JOURS DE LA SEMAINE

Profitons de la journée des saucisses de cheval à la béchamel de Yngvi pour voir les différents jours de la semaine :
- **sunnudagur**, *dimanche* (**sunna** : *soleil*)
- **mánudagur**, *lundi* (**máni** : *lune*)
- **þriðjudagur**, *mardi* (**þriðji** : *troisième*)
- **miðvikudagur**, *mercredi* (**mið vika** : *mi-semaine*)
- **fimmtudagur**, *jeudi* (**fimmti** : *cinquième*)
- **föstudagur**, *vendredi* (**fasta** : *jeûne*)
- **laugardagur**, *samedi* (**laug** : *lavoir*)

La semaine commence le dimanche en Islande. Toutefois les jours ouvrables et les jours de repos sont les mêmes qu'en France.
Il suffit de savoir décliner le mot **dagur**, *jour*, pour pouvoir décliner tous les jours. La première partie du mot reste fixe.

	sing.	sing. déf.	plur.	plur. déf
nom.	dagur	dagurinn	dagar	dagarnir
acc.	dag	daginn	daga	dagana
dat.	degi	deginum	dögum	dögunum
gén.	dags	dagsins	daga	daganna

On dit **á sunnudögum/mánudögum**, etc. pour parler de ce qu'on fait toutes les semaines.

La préposition **á** + le jour au pluriel datif.
Yngvi borðar hrossabjúgu með uppstúf á miðvikudögum. *Yngvi mange des saucisses de cheval avec de la béchamel tous les mercredis.*
On dit **á sunnudag(inn)/mánudag(inn)**, etc. pour parler d'un événement unique.

La préposition **á** + le jour au singulier accusatif.
Yngvi borðaði fisk og kartöflur á mánudaginn var. *Yngvi a mangé du poisson et des pommes de terre lundi dernier.*
Yngvi borðar spagettí á þriðjudaginn. *Yngvi mange des spaghetti mardi [prochain].*

NOTE CULTURELLE

Gastronomie islandaise

Les traditions culinaires des Islandais ressemblent à nos amis anglais ou germaniques. En général, ils mangent salé le matin, léger le midi (la pause déjeuner est courte), et tôt le soir (vers 18 ou 19 heures le plus souvent). Bien évidemment, aujourd'hui certaines familles mangent un bon repas chaud à la cantine le midi, et font plus simple le soir. Une *soupe*, **súpa**, ou bien le **skyr**, *(le) fromage blanc*, font alors l'affaire, accompagnés de **brauð**, *pain*, de **smjör**, *beurre* et de **kjötálegg**, *charcuterie* (par exemple).

Ils se régalent des **pulsur/pylsur**, *hot-dogs*, l'en-cas salé le plus célèbre de l'île. Servi dans un pain au lait, il est agrémenté de ketchup, moutarde douce, rémoulade, oignons crus et frits, mais c'est au choix de chacun de composer son snack. À Akureyri, dans le nord, on ajoute aussi du **rauðkál**, *chou rouge cuit* et la fameuse **kokteilsósa**, *sauce cocktail*. On trouve toute sorte d'encas dans les **sjoppur**, *magasins*, très présents en ville et dans les stations-services hors des villes : **samlokur**, *sandwich*, **hamborgara**, *hamburgers* et bien sûr **franskar kartöflur**, *les frites* [litt. pommes de terre françaises].

Les spécialités sont typiques d'un pays insulaire : beaucoup de poisson, mais aussi des tripes, et gigot mijoté longtemps, accompagnés essentiellement de pommes de terre et/ou rutabagas.

◆ GRAMMAIRE
LES PRONOMS DÉMONSTRATIFS

Le pronom démonstratif remplace un nom déjà mentionné, pour éviter la répétition. Il y a trois pronoms démonstratifs : **sá** – **þessi** – **hinn** qui se déclinent dans les trois genres. Au pluriel, le datif et le génitif ont respectivement la même déclinaison pour les trois genres.

sá, sú, það, *celui, celle,* neutre

	Singulier			Pluriel		
	masc.	fém.	neutre	masc.	fém.	neutre
nom.	sá	sú	það	þeir	þær	þau
acc.	þann	þá	það	þá	þær	þau
dat.	þeim	þeirri	því	þeim	þeim	þeim
gén.	þess	þeirrar	þess	þeirra	þeirra	þeirra

Er hún ein af þeim sem finnst pasta ekki vera matur? *Elle fait partie de ceux qui pensent que les pâtes ne sont pas de la nourriture ?* [litt. est-elle une de ceux qui]

þessi, þessi, þetta, *ce, cette,* neutre

	Singulier			Pluriel		
	masc.	fém.	neutre	masc.	fém.	neutre
nom.	þessi	þessi	þetta	þessir	þessar	þessi
acc.	þennan	þessa	þetta	þessa	þessar	þessi
dat.	þessum	þessari	þessu	þessum	þessum	þessum
gén.	þessa	þessarar	þessa	þessara	þessara	þessara

hinn, hin, hitt, *l'autre* (masc.), *l'autre* (fém.), neutre

	Singulier			Pluriel		
	masc.	fém.	neutre	masc.	fém.	neutre
nom.	hinn	hin	hitt	hinir	hinar	hin
acc.	hinn	hina	hitt	hina	hinar	hin
dat.	hinum	hinni	hinu	hinum	hinum	hinum
gén.	hins	hinnar	hins	hinna	hinna	hinna

Ne pas confondre avec l'article défini dont les déclinaisons sont différentes uniquement au nominatif et accusatif du neutre singulier :

	Singulier			Pluriel		
	masc.	fém.	neutre	masc.	fém.	neutre
nom.	**hinn**	**hin**	**hið**	**hinir**	**hinar**	**hin**
acc.	**hinn**	**hina**	**hið**	**hina**	**hinar**	**hin**
dat.	**hinum**	**hinni**	**hinu**	**hinum**	**hinum**	**hinum**
gén.	**hins**	**hinnar**	**hins**	**hinna**	**hinna**	**hinna**

▲ CONJUGAISON
LE VERBE MANGER – AÐ BORÐA

Ég borða	Je mange
Þú borðar	Tu manges
Hann/Hún/Það borðar	Il/Elle/neutre mange
Við borðum	Nous mangeons
Þið borðið	Vous mangez
Þeir/Þær/Þau borða	Ils/Elles/neutre mangent

Remarquez la contraction à la deuxième personne de la forme interrogative :
Borðar þú? *Tu manges ?* → **Borðarðu?**

VOCABULAIRE

hafragrautur, hafragraut, hafragraut, hafragrauts *porridge*
morgunn(inn), morgun(inn), morgni(num), morguns(ins) ; morgnar(nir), morgna(na), morgnu(nu)m, morgna(nna) *(le) matin ; (les) matins*
sjaldan *rarement*
morgunverður, morgunverð, morgunverði, morgunverðar ; morgunverðir, morgunverði, morgunverðum, morgunverða *petit-déjeuner ; petits-déjeuners*
ristað ; að rista *grillé ; griller*
brauð, brauð, brauði, brauðs ; brauð, brauð, brauðum, brauða *pain ; pains*
ostur, ost, osti, osts ; ostar, osta, ostum, osta *fromage ; fromages*
sulta, sultu, sultu, sultu ; sultur, sultur, sultum, sulta *confiture ; confitures*
álegg *ce qu'on met sur le pain (fromage, charcuterie, crudités...)*
hádegismatur, hádegismat, hádegismat, hádegismatar *déjeuner (pas de plur.)*
heita ; heitur *chaude ; chaud*
máltíð, máltíð, máltíð, máltíðar ; máltíðir, máltíðir, máltíðum, máltíða *un repas ; des repas*
hádegi(ð), hádegi(ð), hádegi(nu), hádegis(ins) ; hádegi(n),
hádegi(n), hádegu(nu)m, hádega(nna) *(le) midi ; (les) midis*
matur, mat, mat, matar *nourriture/repas*
kvöld(ið), kvöld(ið), kvöld(inu), kvölds(ins) ; kvöld(in), kvöld(in), kvöld(un)um, kvölda(nna) *(le) soir ; (les) soirs*
gamaldags *désuet/traditionnel*
soðinn ; að sjóða *cuit à l'eau ; cuire*
fiskur, fisk, fiski, fisks ; fiskar, fiska, fiskum, fiska *poisson ; poissons*
kartafla, kartöflu, kartöflu, kartöflu ; kartöflur, kartöflur, kartöflum, kartafla *pomme de terre ; pommes de terre*
kjötsúpa, kjötsúpu, kjötsúpu, kjötsúpu ; kjötsúpur, kjötsúpur, kjötsúpum, kjötsúpa *pot-au-feu ; pots au feu*
rófa, rófu, rófu, rófu ; rófur, rófur, rófum, rófna *rutabaga ; rutabagas*
ein af þeim *une de ceux*
pasta, pasta, pasta, pasta *pâtes*
bjúga, bjúga, bjúga, bjúga ; bjúgu, bjúgu, bjúgum, bjúgna *saucisse ; saucisses*
hrossabjúgu *saucisses de cheval*
namm *miam*
uppstúfur, uppstúf, uppstúf, uppstúfs ; uppstúfar, uppstúfa, uppstúfum, uppstúfa *béchamel*

⬢ EXERCICES

1. TRADUISEZ CES PHRASES EN ISLANDAIS.

a. Je mange parfois un repas chaud à midi.

→

b. Elle mange toujours les saucisses de cheval le soir.

→

c. Il aime le pain grillé.

→

d. Nous mangeons du poisson le jeudi.

→

e. Vous aimez manger des rutabagas avec le pot-au-feu.

→

2. ÉCOUTEZ CES PHRASES ET CHANGEZ LE GENRE DES PRONOMS DÉMONSTRATIFS SELON LES INDICATIONS :

a. Sá sem kemur, fær pylsu. (masc) →
.... sem kemur fær pylsu. (fém)

b. Þessi kona borðar hafragraut. (fém) →
.... barn borðar hafragraut. (neutre)

c. Vilt þú fá þetta brauð? (neutre) →
Vilt þú fá .... ost ? (masc)

d. Ég er með þeirri konu. (fém) →
Ég er með ....barni. (neutre)

e. Hinn strákurinn borðar morgunverð. (masc) →
.... stelpan borðar morgunverð. (fém)

Cuisine

13.
INVITATION
BOÐ

| **OBJECTIFS** | **NOTIONS** |

- INVITER QUELQU'UN
- PRENDRE RENDEZ-VOUS
- PARLER DE MUSIQUE

- L'EXPRESSION DU FUTUR AVEC LES VERBES AÐ MUNU ET AÐ SKULU
- LE VERBE CHANTER
- LE VERBE INVITER

TU ES LIBRE ?

JÓHANN : Tu es libre jeudi soir ?

BIRNA : J'ai rendez-vous chez le médecin à cinq heures, mais ensuite je suis libre.

JÓHANN : Ah bon, est-ce que tu vas bien ? Quelque chose t'est arrivé ?

BIRNA : Non, j'ai juste besoin d'un certificat médical.

JÓHANN : Tu voudras dîner avec moi après ?

BIRNA : Oui, merci, j'accepte l'invitation.

JÓHANN : J'inviterai quelques amis de ma chorale aussi.

BIRNA : Hein ? Ok… J'aimerais aussi pouvoir chanter.

JÓHANN : Je suis sûr que tu le peux.

BIRNA : Non, je chante faux.

JÓHANN : On verra bien jeudi soir !

BIRNA : J'amènerai ma guitare !

ERTU LAUS?

JÓHANN : Ert þú laus á fimmtudagskvöld?

BIRNA : Ég á pantaðan tíma hjá lækni klukkan fimm, en svo er ég laus.

JÓHANN : Nú, er allt í lagi með þig? Kom eitthvað fyrir þig?

BIRNA : Nei, ég þarf bara að fá læknisvottorð.

JÓHANN : Myndir þú vilja borða kvöldverð með mér á eftir?

BIRNA : Já, takk, ég þigg það boð.

JÓHANN : Ég mun bjóða nokkrum vinum úr kórnum líka.

BIRNA : Ha? Ókei... Ég vildi óska að ég gæti sungið líka.

JÓHANN : Ég er viss um að þú getur það.

BIRNA : Nei, ég syng falskt.

JÓHANN : Við munum komast að því á fimmtudagskvöldið!

BIRNA : Ég skal koma með gítarinn minn!

COMPRENDRE LE DIALOGUE
INVITER QUELQU'UN

type-phrase-exemple :
Ertu laus? *Es-tu libre ?* **Viltu koma út að borða?** *Veux-tu venir manger au restaurant?* [litt. tu veux venir manger dehors]
Ég býð þér út að borða. *Je t'invite au restaurant.* [litt. je t'invite à manger dehors]
réponses :
Já, takk, ég þigg það boð. *Oui, merci, j'accepte l'invitation.*
Já, ég er laus. / Nei, ég er ekki laus. *Oui, je suis libre. / Non, je ne suis pas libre.*
Ég kem fyrir/eftir tímann hjá lækninum. *Je viendrai avant/après mon RDV chez le médecin.*

En Islande il est de coutume d'inviter chez soi. Venir prendre le café est une invitation fréquente. Vers quatre heures, « à l'heure du goûter », on partage une boisson et éventuellement une collation. Un petit cadeau de remerciement est toujours le bienvenu. Lorsqu'on est invité l'après-midi, on apporte une gourmandise, lorsqu'on vient le soir, pour dîner, on peut apporter une bouteille de vin. Étant donné le prix de l'alcool en Islande, votre hôte devrait être ravi, s'il apprécie l'alcool évidemment !

PRENDRE RENDEZ-VOUS

Nous avons vu dans la première partie, le mot islandais pour un *rendez-vous* : **stefnumót**. Ce mot ne peut pas être utilisé pour un rendez-vous chez le médecin, ou le coiffeur. On dit alors : **tími**.
Að eiga tíma hjá lækni. *Avoir un rendez-vous chez le médecin.*

→ **Að panta tíma**, *réserver/prendre un rendez-vous* [litt. réserver une session – **tími**, *heure/cours/session*]
→ **Að panta tíma hjá lækni**, *réserver/prendre un rendez-vous chez le médecin.*
→ **Að panta tíma í klippingu**, *réserver/prendre un rendez-vous chez le coiffeur* [litt. pour une coupe]

Le verbe **að panta** peut se traduire par *prendre un rendez-vous*, mais aussi *réserver* ou encore *commander*. On retrouve chaque fois l'idée de prévoir quelque chose.
→ **Að panta hótelherbergi**, *réserver une chambre d'hôtel*
→ **Að panta mat**, *commander à manger* (au restaurant ou par téléphone)

QU'EST-CE QUI T'ARRIVE ?

Cette expression s'utilise ainsi :
→ **Hvað kom fyrir?** *Qu'est-ce qui est arrivé ?*
→ **Hvað kom fyrir þig?** *Qu'est-ce qui t'est arrivé ?*
→ **Hvað kom fyrir hana?** *Qu'est-ce qui lui est arrivé [à elle] ?*
On peut aussi dire avec cette formulation là :
Hvað gerðist? ou **Hvað skeði?** *Qu'est-ce qui est arrivé ?*
Par contre, on ne peut pas dire :
Hvað gerðist fyrir þig ni **hvað skeði fyrir þig** – c'est grammaticalement inacceptable d'un point de vue linguistique.

NOTE CULTURELLE

Le chant, la musique

Les Islandais chantent beaucoup en général. Dès qu'il y a une occasion on sort les instruments ou bien on chante a cappella et de préférence **í fimmund**, *à la quinte*, c'est-à-dire en polyphonie avec un intervalle de cinq notes.

Les chorales sont nombreuses dans le pays, femmes, hommes, mixtes, des chorales pour enfants, etc. Les écoles de musique sont multiples aussi, quasiment tous les enfants apprennent à jouer d'un instrument, durant quelques années au moins. Cet engouement s'explique peut-être par l'emploi du temps des jeunes et le rude climat du pays. Les cours terminent à 14h, ce qui laisse du temps libre pour les activités extrascolaires.

Le succès de la musique islandaise contemporaine est à attribuer à la chanteuse mondialement connue Björk. Les autres groupes tendent à suivre son sillage, comme dit l'expression islandaise (**að fylgja í kjölfar einhvers** – *suivre le sillage de quelqu'un*) et l'industrie de la musique constitue une part très importante de l'exportation islandaise.

GRAMMAIRE
L'EXPRESSION DU FUTUR AVEC AÐ MUNU ET AÐ SKULU

Il existe seulement deux temps en islandais : le présent simple et le passé simple. Le verbe prend différentes formes de conjugaison selon son contexte et les éléments grammaticaux qui l'entourent. Il n'existe donc pas de temps grammatical futur. Le présent est le plus souvent employé pour un futur dont l'action se situe dans l'avenir proche ou lointain. Parfois on parle d'un temps futur mais dans une forme modale, c'est-à-dire avec l'aide d'un auxiliaire comme **munu** ou **skulu**.

Il n'existe pas vraiment de traduction française pour les deux verbes **munu** et **skulu**, mais vous pouvez penser aux verbes anglais *will* et *shall*, pour tenter de comprendre. Ces verbes sont fréquents dans la langue, mais compliqués à appréhender, même pour les autochtones. La forme de l'infinitif est inhabituelle, et ces verbes n'existent pas au passé simple de l'indicatif, hormis deux formes dites de l'infinitif passé : **mundu/myndu** et **skyldu**.

Ex. : **Hann sagðist mundu/myndu gera það.** *Il a dit qu'il le ferait* (exprime une certitude).

Hann sagðist skyldu gera það. *Il a dit qu'il le ferait* (exprime une volonté).

Regardons le verbe **að munu**.

Indicatif présent :
Ég mun
Þú munt
Hann/Hún/Það mun
Við munum
Þið munuð
Þeir/Þær/Þau munu

Le verbe **að skulu** :

Indicatif présent :
Ég skal
Þú skalt
Hann/Hún/Það skal
Við skulum
Þið skuluð
Þeir/Þær/Þau skulu

▲ CONJUGAISON
LE VERBE AÐ BJÓÐA – *INVITER/OFFRIR*

Présent de l'indicatif :

Ég býð	J'invite
Þú býður	Tu invites
Hann/Hún/Það býður	Il/Elle/neutre invite
Við bjóðum	Nous invitons
Þið bjóðið	Vous invitez
Þeir/Þær/Þau bjóða	Ils/Elles/neutre invitent

Indicatif du passé :

Ég bauð	J'ai invité
Þú bauðst	Tu as invité
Hann/Hún/Það bauð	Il/Elle/neutre a invité
Við buðum	Nous avons invité
Þið buðuð	Vous avez invité
Þeir/Þær/Þau buðu	Ils/Elles/neutre ont invité

LE VERBE CHANTER

Présent de l'indicatif :

Ég syng	Je chante
Þú syngur	Tu chantes
Hann/Hún/Það syngur	Il/Elle/neutre chante
Við syngjum	Nous chantons
Þið syngið	Vous chantez
Þeir/Þær/Þau syngja	Ils/Elles/neutre chantent

Indicatif du passé :

Ég söng	J'ai chanté
Þú söngst	Tu as chanté
Hann/Hún/Það söng	Il/Elle/neutre a chanté
Við sungum	Nous avons chanté
Þið sunguð	Vous avez chanté
Þeir/Þær/Þau sungu	Ils/Elles/neutre ont chanté

●EXERCICES

1. TRANSPOSEZ CES PHRASES AU FUTUR À L'AIDE DE L'AUXILIAIRE AÐ MUNU.

a. Ég fer í boðið. → ....

b. Hún kemur með gítar. → ....

c. Þú átt vini. → ....

d. Þau syngja í kór. → ....

e. Þið pantið tíma. → ....

2. VERSION – ÉCOUTEZ CES PHRASES, LISEZ-LES À HAUTE VOIX ET TRADUISEZ-LES ENSUITE EN FRANÇAIS.

a. Jóhann syngur í kór, en Birna syngur ekki í kór.

→

b. Jóhann bauð Birnu að borða kvöldverð með vinum úr kórnum.

→

c. Birna á tíma hjá lækni og hittir Jóhann á eftir.

→

d. Ég skal koma með þér til læknisins.

→

e. Þú þarft að fá læknisvottorð.

→

VOCABULAIRE

laus *libre*
fimmtudagskvöld *jeudi soir*
pantaðan ; að panta *réservé ; réserver/prendre rendez-vous*
hjá *chez*
læknir, lækni, lækni, læknis ; læknar, lækna, læknum, lækna *médecin ; médecins*
nú *ah bon*
eitthvað *quelque chose*
læknisvottorð, læknisvottorð, læknisvottorði, læknisvottorðs ; læknisvottorð, læknisvottorð, læknisvottorðum, læknisvottorða *certificat médical ; certificats médicaux*
eftir *après*
ég þigg ; að þiggja *j'accepte ; accepter*
boð(ið), boð(ið), boði(nu), boðs(ins) ; boð(in), boð(in), boðu(nu)m, boða(nna) *(l')invitation ; (les) invitations*
ég mun, að munu *auxiliaire du futur* (voir la partie grammaire)
að bjóða *inviter*
kór(inn), kór(inn), kór(num), kórs(ins) ; kórar(nir), kóra(na), kóru(nu)m, kóra(nna) *(la) chorale ; (les) chorales*
ókei *ok*
sungið ; að syngja *chanté ; chanter*
viss *sûr/certain*
falskt ; falskur *faux* (neutre) *; faux* (masc.)
ég skal ; að skulu (voir la partie grammaire)
gítar(inn), gítar(inn), gítar(num), gítars(ins) ; gítarar(nir), gítara(na), gíturu(nu)m, gítara(nna) *(la) guitare ; (les) guitares*

III

EN

VILLE

14. S'ORIENTER EN VILLE

AÐ RATA UM BORGINA

OBJECTIFS

- DEMANDER ET DONNER UN ITINÉRAIRE
- SE DIRIGER EN VILLE
- PRENDRE LE BUS

NOTIONS

- LES MOYENS DE TRANSPORTS
- LES ADVERBES
- LE VERBE AÐ RATA
- LES POINTS CARDINAUX

TU TE REPÈRES À REYKJAVIK ?

SVEINN : Pardon, je suis perdu, tu te repères bien à Reykjavik ?

BIRNA : Oui, je peux t'aider. Tu dois aller où ?

SVEINN : Tu peux me dire où se trouve le port ?

BIRNA : Tu vois le grand bâtiment là, Harpan. Tu descends vers Harpan, tu tournes à gauche et là il y a le port.

SVEINN : Merci beaucoup pour cette information.

BIRNA : Mais c'est le vieux port, port de Reykjavík. Le grand port Sundahöfn est considérablement plus à l'est.

SVEINN : Ah, bon ? Et comment je peux y aller ?

BIRNA : Le mieux c'est de prendre le bus. Tu peux avoir le 4 à Lækjartorg. Ou prendre un taxi.

SVEINN : Où est-ce que je trouve les tickets de bus ?

BIRNA : Si tu n'as pas l'application dans le smartphone, tu peux les acheter au supermarché 10-11 à Austurstræti.

16   RATAR ÞÚ Í REYKJAVÍK?

SVEINN: Fyrirgefðu, ég er villtur, ratar þú í Reykjavík?

BIRNA: Já, ég get hjálpað þér. Hvert þarftu að komast?

SVEINN: Geturðu sagt mér hvar höfnin er?

BIRNA: Þú sérð stóru bygginguna þarna framundan, Hörpuna. Þú ferð niður að henni, beygir til vinstri og þar er höfnin.

SVEINN: Takk kærlega fyrir upplýsingarnar.

BIRNA: En það er gamla höfnin, Reykjavíkurhöfn. Stóra flutningahöfnin, Sundahöfn, er svo töluvert lengra í austur.

SVEINN: Nú? Hvernig kemst ég þangað?

BIRNA: Það er best að taka strætó. Þú nærð leið 4 niðri á Lækjartorgi. Eða taka leigubíl.

SVEINN: Hvar fæ ég farmiða í strætó?

BIRNA: Ef þú ert ekki með smáforritið í snjallsímanum, getur þú keypt þá í matvörubúðinni 10-11 í Austurstræti.

■COMPRENDRE LE DIALOGUE
SE REPÉRER

Ici et là
hér, *ici* ; **hérna**, *ici-là*
þar, *là* ; **þarna**, *là-bas*
hægri, *droite* ; **til hægri/hægra megin**, *à droite*
vinstri, *gauche* ; **til vinstri/vinstra megin**, *à gauche*
beygja, *tourner*
snúa við, *se retourner, faire demi-tour*
halda áfram, *continuer*

Les points cardinaux
norður, *nord*
suður, *sud*
austur, *est*
vestur, *ouest*

LES MOYENS DE TRANSPORTS ROUTIERS

En Islande, les moyens de transports sont essentiellement routiers : voiture, bus, autocar, taxi.
bíll, *voiture*, **einkabíll**, *voiture privée*
fjölskyldubíll, *voiture de famille*

Le mot **leigubíll**, *taxi*, veut dire littéralement "voiture de location". Mais, pour dire *voiture de location* en islandais, on dit **bílaleigubíll**, littéralement "voiture d'une agence de location de voiture" ! Parfois on ne prend pas le chemin le plus court pour s'exprimer…

strætó, **strætisvagn**, **vagn**, *bus*
rúta, *autocar*

Comme la compagnie de bus **Strætó** s'occupe depuis quelques années de tous les transports en commun dans la ville de Reykjavik et son agglomération, entre les différentes villes et villages du pays, on n'utilise plus le mot **rúta**, pour les longues distances, comme on le faisait avant.

SMÁFORRIT OU APP ?

Le mot récemment créé **smáforrit**, *application* n'est pas vraiment utilisé par les Islandais – un peu comme le mot courriel inventé en France pour mail. Au grand désespoir des puristes qui font tout pour protéger la langue des anglicismes, quasiment tout le monde parle de **app**, pour *application*.
Le mot est de genre neutre, et se décline ainsi :
app(ið), app(ið), app(inu), apps(ins) ; öpp(in), öpp(in), öppu(nu)m, appa(nna).
Ex. : **Ertu með stætóappið?** *Tu as l'application pour les bus ?*
Hvað ertu með mörg öpp í snjallsímanum þínum? *Tu as combien d'applications dans ton smartphone ?*

La formation du pluriel révèle un changement de voyelle, preuve de l'intégration de ce terme dans le système complexe de la langue islandaise.

VOCABULAIRE DE LA VILLE

→ **bygging**, *bâtiment*
→ **hús(ið), hús(ið), hús(inu), húss(ins)**, *(la) maison* ; **hús(in), hús(in), húsu(nu)m, húsa(nna)**, *(les) maisons*
→ **blokk(in), blokk(ina), blokk(inni), blokkar(innar)**, *(l')immeuble* ; **blokkir(nar), blokkir(nar), blokku(nu)m, blokka(nna)**, *(les) immeubles*
→ **einbýlishús**, *villa* (se décline comme **hús**)
→ **parhús**, *2 maisons mitoyennes* (se décline comme **hús**)
→ **raðhús**, *3 maisons, ou plus, accolées/mitoyennes* (se décline comme **hús**)
→ **háhýsi(ð), háhýsi(ð), háhýsi(nu), háhýsis(ins)**, *(le) gratte-ciel* ; **háhýsi(n), háhýsi(n), háhýsu(nu)m, háhýsa(nna)**, *(les) gratte-ciels*
→ **turn(inn), turn(inn), turni(num), turns(ins)**, *(la) tour* ; **turnar(nir), turna(na), turnu(nu)m, turna(nna)**, *(les) tours*

HARPAN

Harpan, *la harpe*, est un lieu de spectacles et de conférences à Reykjavik. Comme son nom est au féminin (une harpe), on parle d'elle au féminin. Créée par l'artiste islandais Olafur Eliasson, elle trône à l'extrémité est du vieux port. Constituée de panneaux de verres aux formes et aux couleurs différentes, un jeu de lumière opère en fonction du verre, de la lumière du soleil et des lumières artificielles.

NOTE CULTURELLE

Les ports

Quasiment toutes les villes et tous les villages en Islande sont construits autour d'un port. Très peu de villages ne donnent pas sur la mer. Si l'activité principale de Reykjavik (et de l'Islande en général) aujourd'hui n'est plus la pêche, le vieux port existe toujours et accueille *petits bateaux de pêche* (**fiskibátar**) et *chalutiers* (**togarar**) ainsi que les gros *bateaux de croisière* (**skemmtiferðaskip**). Les bateaux de fret passent par le port industriel, **Sundahöfn**, qui est un lieu avec une activité importante, où travaillent des centaines de personnes dont les **hafnsögumenn** (*pilotes de port*), les **löndunarmenn** (*dockers*) et bien sûr les **tollverðir** (*douaniers*).

Les enfants aiment bien évidemment aller jouer sur le port, car il est souvent l'équivalent d'une place principale dans les petits villages. C'est un véritable lieu de vie en Islande. On y va pour regarder les bateaux partir ou arriver (plein de poissons), pour *pêcher à la ligne*, **að dorga** – verbe utilisé quand on laisse tomber la ligne avec un hameçon directement dans la mer (ou à travers un trou dans la glace). C'est un des passe-temps favoris des enfants des villages.

GRAMMAIRE
LES ADVERBES

Les adverbes sont une catégorie dite ouverte, c'est-à-dire que de nouveaux adverbes peuvent toujours être crées. Si les adverbes sont pour la plupart des mots invariables, certains adverbes ont le comportement des adjectifs, ils peuvent donc être déclinés en différents degrés.

Ex. : **oft**, *souvent* ; **oftar**, *plus souvent* ; **oftast**, *le plus souvent*

On peut diviser les adverbes en sous catégories, mais ces catégories peuvent s'imbriquer, et certains adverbes sont difficiles à classer.

Les adverbes interrogatifs commencent par **hv-** tout comme les pronoms interrogatifs (**hver**, **hvor**, **hvaða**, **hvílíkur**).

Ex. : **hvernig**, *comment* ; **hvar**, *où* ; **hvert**, *vers où* ; **hvenær**, *quand* ; **hvaðan**, *d'où*.

Les adverbes de lieu dénotent un lieu déjà nommé ou qu'on peut facilement situer par le contexte ; ils font ainsi penser aux pronoms. Ils disent où s'est passé le fait.

Ex. : **þar**, *là* ; **þarna**, *là-bas* ; **hér**, *ici* ; **úti**, *dehors* ; **inni**, *dedans* ; **uppi**, *en haut* ; **heima* ; *à la maison*.

Les adverbes de temps dénotent le temps, disent quand ou combien de fois une action a lieu.

Ex : **þá**, *dès lors* ; **nú**, *maintenant* ; **núna**, *maintenant* ; **seint**, *tard* ; **snemma**, *tôt* ; **aldrei**, *jamais* ; **sjaldan**, *rarement* ; **stundum**, *parfois* ; **oft**, *souvent* ; **alltaf**, *toujours*.

Les adverbes de manière décrivent comment quelque chose est fait.

Ex. : **vel**, *bien* ; **illa**, *mal* ; **sæmilega**, *moyennement* ; **hratt**, *vite* ; **hægt**, *lentement* ; **svona**, *comme ça*.

Les adverbes de négation marquent la négation du fait.

Ex. : **ekki**, *ne... pas* ; **eigi/ei**, *ne... point* (langage soutenu, surtout en poésie).

Les adverbes d'intensité viennent avec d'autres adverbes ou adjectifs et indiquent la quantité de ce dont on parle.

Ex. : **mjög**, *très* ; **frekar**, *plutôt* ; **gríðarlega**, *extrêmement*.

▲ CONJUGAISON

Le verbe **að rata**, *connaître le chemin*

Ég rata	Je connais le chemin
Þú ratar	Tu connais le chemin
Hann/Hún/Það ratar	Il/Elle/neutre connaît le chemin
Við rötum	Nous connaissons le chemin
Þið ratið	Vous connaissez le chemin
Þeir/Þær/Þau rata	Ils/Elles/neutre connaissent le chemin

Remarquez la contraction à la deuxième personne de la forme interrogative :

Ratar þú? *Tu connais le chemin ?* → **Ratarðu?**

Le verbe **að koma**, à la voix moyenne signifie *pouvoir aller quelque part*, ou *arriver à aller quelque part*.

Ég kemst	J'y arrive
Þú kemst	Tu y arrives
Hann/Hún/Það kemst	Il/Elle/neutre y arrive
Við komumst	Nous y arrivons
Þið komist	Vous y arrivez
Þeir/Þær/Þau komast	Ils/Elles/neutre y arrivent

Remarquez la contraction à la deuxième personne de la forme interrogative :
Kemst þú? *Tu y arrives ?* → **Kemstu?**

● EXERCICES

1. COMPLÉTEZ LES PHRASES EN UTILISANT LES ADVERBES PROPOSÉS, PUIS ÉCOUTEZ-LES POUR VÉRIFIER VOS RÉPONSES ET LISEZ-LES À HAUTE VOIX.

a. .... ferðu til Frakklands?	1. ekki
b. Konan er .... í húsinu.	2. mjög
c. Hvers vegna kemur leigubíllinn ....?	3. inni
d. Birna syngur ekki	4. Hvenær
e. Jóhann syngur .... vel.	5. Hvert
f. .... ertu að fara?	6. vel

2. DÉFINISSEZ LES ADVERBES DE L'EXERCICE 1 (ADVERBE DE LIEU, DE TEMPS, INTERROGATIF, NÉGATION, INTENSITÉ, MANIÈRE).

a. ekki : ....

b. mjög : ....

c. inni : ....

d. Hvenær : ....

e. hvert : ....

f. vel : ....

● VOCABULAIRE

ratar ; að rata connais le chemin ; se repérer, connaître le chemin
villtur perdu
hvert où
höfn(in), höfn(ina), höfn(inni), hafnar(innar) ; hafnir(nar), hafnir(nar), höfnu(nu)m, hafna(nna) *(le) port ; (les) ports*
bygging(in), byggingu(na), byggingu(nni), byggingar(innar) ; byggingar(nar), byggingar(nar), byggingu(nu)m, bygginga(nna) *(le) bâtiment ; (les) bâtiments*
framundan devant
niður mouvement vers le bas
vinstri ; til vinstri gauche ; à gauche
kærlega chaleureusement
upplýsing(in), upplýsingu(na), upplýsingu(nni), upplýsingar(innar) ; upplýsingar(nar), **upplýsingar(nar)**, upplýsingu(nu)m, upplýsinga(nna) *l'information ; (les) informations*
flutningur, flutning, flutningi, flutnings ; flutningar, flutninga, flutningum, **flutninga** *transport ; transports*

svo puis
töluvert considérablement
lengra ; langur plus loin ; loin/long
austur est
nú ah bon
þangað là
strætó bus
þú nærð ; að ná tu attrapes ; attraper
niðri en bas [ici on suggère qu'il doit descendre vers la place]
torg, torg, torgi, torgs ; torg, torg, torgum, torga *place ; places*
leigubíll, leigubíl, leigubíl, leigubíls ; leigubílar, leigubíla, leigubílum, leigubíla *taxi ; taxis*
farmiði, farmiða, farmiða, farmiða ; farmiðar, farmiða, farmiðum, farmiða *ticket ; tickets*
smáforrit(ið), smáforrit(ið), smáforriti(nu), smáforrits(ins) ; smáforrit(in), smáforrit(in), smáforritu(nu)m, smáforrita(nna) *(l')application ; (les) applications*
snjallsími(nn), snjallsíma(nn), snjallsíma(num), snjallsíma(ns) ; snjallsímar(nir), snjallsíma(na), snjallsímu(nu)m, snjallsíma(nna) *(le) smartphone ; (les) smartphones*

15.
SE DÉPLACER

AÐ FERÐAST UM

OBJECTIFS	NOTIONS
- SE DÉPLACER EN VOITURE / EN BUS - DEMANDER LE PRIX - ACHETER QUELQUE CHOSE	- LE PARTICIPE PASSÉ - JÁ - LE VERBE COÛTER - LE VERBE PRÊTER - LE VERBE UTILISER - CHER – PAS CHER

SUR LA ROUTE

YNGVI : Je dois aller à une réunion à Borgarnes demain.

BIRNA : Ah bon ? Tu vas y aller comment ? [Litt. comment tu vas y arriver ?]

YNGVI : Papa pourrait me prêter sa voiture ?

BIRNA : Ah, malheureusement je dois utiliser sa voiture demain. Jóhann revient du Danemark et je vais aller le chercher à l'aéroport.

YNGVI : Alors, je vais devoir prendre le bus.

BIRNA : Oui, ce n'est pas si compliqué. J'ai pris ce bus récemment.

YNGVI : Où s'arrête le bus pour Borgarnes et combien ça coûte ?

BIRNA : Le 57 part environ toutes les heures de Mjóddin. Mais moins souvent en dehors des heures de pointe. Le ticket ne coûte pas cher.

Á FERÐALAGI

YNGVI: Ég þarf að fara á fund í Borgarnesi á morgun.

BIRNA: Já? Hvernig kemstu þangað?

YNGVI: Getur pabbi lánað mér bílinn sinn?

BIRNA: Æ, því miður þarf ég að nota bílinn hans á morgun. Jóhann kemur frá Danmörku og ég ætla að sækja hann á flugvöllinn.

YNGVI: Jæja, þá verð ég bara að taka strætó.

BIRNA: Já, það er ekki svo mikið mál. Ég tók þennan vagn nýlega.

YNGVI: Hvar stoppar Borgarnesvagninn og hvað kostar það?

BIRNA: Leið 57 fer um það bil á klukkutíma fresti úr Mjóddinni. En sjaldnar utan háannatíma. Farmiðinn er ódýr.

■COMPRENDRE LE DIALOGUE
JÁ

Já est un mot multifonction, il peut :
- marquer la surprise.
Já! Hvernig kemstu þangað? *Ah, bon ! Comment tu y vas ?*
- dire oui quand on veut dire non :
Já, nei nei, það er ekki gott. *Oui, non, non, ce n'est pas bien.*
C'est assez similaire au mot **jæja**, dont on a déjà parlé dans un précédent chapitre. Les Islandais emploient énormément ces petits mots, leurs significations dépendent à la fois du contexte et de l'intonation.

LA FRÉQUENCE D'ACTION

Dans ce dialogue, sont évoqués des repères temporels, pour pouvoir se projeter dans la durée et indiquer une notion de délai.
Leið 57 fer um það bil á klukkutíma fresti úr Mjóddinni. En sjaldnar utan háannatíma. *Le 57 part environ toutes les heures de Mjóddin. Mais moins souvent en dehors des heures de pointe.*
- → **á korters fresti**, *tous les quarts d'heure* [**frestur**, *délai*]
- → **á hálftíma fresti**, *toutes les demi heures*
- → **á klukkutíma fresti**, *toutes les heures*
- → **stundum**, *parfois*
- → **sjaldan**, *rarement*, **sjaldnar**, *plus rarement/moins souvent*
- → **oft**, *souvent*, **oftar**, *plus souvent*
- → **aldrei**, *jamais*

Háannatíminn, *l'heure de pointe* en Islande dure environ une heure et demie, le matin de 7h30 à 9 heures, le soir de 16 heures à 17h30. Elle n'a rien à voir avec les embouteillages que l'on peut avoir dans les grandes villes françaises, il s'agit plutôt de ralentissements que de vrais bouchons, sauf éventuellement sur les grands axes qui relient les villes périphériques au centre ville de Reykjavik.
On peut évidemment transposer et remplacer les heures par des jours, des semaines, des années...

Fréquence :
- → journalière, on utilise la préposition **á** : **einu sinni á dag**, *une fois par jour*
- → hebdomadaire, on utilise la préposition **í** : **tvisvar í viku**, *deux fois par semaine*
- → mensuelle, on utilise la préposition **í** : **þrisvar í mánuði**, *trois fois par mois*

→ annuelle, on utilise la préposition **á** : **fjórum sinnum á ári**, *quatre fois par an*
Une bonne occasion de revoir les prépositions **í** et **á**, rencontrées dans le chapitre 3.

PRIX ET ACHAT

L'Islande fait partie des pays les plus chers du monde, le niveau de vie est élevé, il faut en avoir conscience face à l'affichage du montant de tel ou tel besoin.
Hvað kostar einn farmiði? *Combien coûte un ticket ?*
Ég ætla að fá tvo farmiða, báðar leiðir, takk. *Je voudrais avoir deux tickets aller retour, s'il vous plaît.* [litt. Je vais avoir deux tickets, aller retour, merci.]
À l'heure où nous éditons cet ouvrage, le devise du pays est la couronne islandaise, qui est souvent abrégée ISK.

EKKERT MÁL – PAS DE PROBLÈME

Nous avons vu cette phrase dans le chapitre 10 :
Ekki málið, borðum við ekki í stofunni? *Pas de problème, on mange dans le salon ?*
Ici, nous revoyons cette formule avec un autre sens :
Já, það er ekki svo mikið mál, *Oui, ce n'est pas si compliqué*.
Le mot **mál** signifie à la fois *langue*, comme par exemple **íslenskt mál**, *langue islandaise* ; mais aussi *affaire*, comme par exemple **Dreyfus-málið**, *l'affaire Dreyfus*. Quand on dit **ekkert mál** ou **það er ekki mikið mál**, on dit qu'*il n'y a pas de problème* [litt. pas d'affaire ou ce n'est pas une grande affaire].
mál(ið), **mál(ið)**, **máli(nu)**, **máls(ins)**, *(la) langue/affaire* ; **mál(in)**, **mál(in)**, **málu(nu)m**, **mála(nna)**, *(les) langues/affaires*.

NOTE CULTURELLE

En Islande, il est possible de se déplacer **fótgangandi**, *à pied*, **hjólandi**, *à vélo*, **í strætó**, *en bus*, **með ferju**, *en ferry*, **á bíl**, *en voiture*, **með rútu**, *en car*, **með flugvél**, *en avion*… mais il n'existe pas de chemin de fer ! Le pays dispose d'un important réseau de cars, qui dessert toutes les régions. Les ferries assurent les liaisons vers les îles et les fjords isolés ; et les principales villes sont reliées par voie aérienne. L'avion est un moyen de transport très utilisé par les Islandais. Malgré l'offre de bus en ville, l'Islande est un pays où la possession d'une voiture est extrêmement répandue, il y a souvent deux voitures par famille. Avec l'éveil écologique planétaire, certains tentent de vivre sans voiture, mais le climat rude et les grandes distances ne facilitent pas ce mode de vie.

GRAMMAIRE
LE PARTICIPE PASSÉ

Le participe passé est utilisé avec certains verbes de modalité, comme les auxiliaires **að vera**, *être* et **að hafa**, *avoir*. Ici, il apparaît avec le verbe **að geta**, *pouvoir* :
Getur pabbi þinn lánað mér bílinn sinn? *Ton père peut me prêter sa voiture ?*
Avec le verbe **að hafa**, *avoir*, et le verbe **að geta**, *pouvoir*, le participe passé est invariable :
Hann hefur lánað, hún hefur lánað, þær hafa lánað. *Il a prêté, elle a prêté, elles ont prêté.*
Hann getur lánað, hún getur lánað, þær geta lánað. *Il peut prêter, elle peut prêter, elles peuvent prêter.*
La forme invariable se termine souvent par **-ð** ou **-t**, comme ici, pour le verbe **að lána/lánað**.
Avec le verbe **að vera**, le participe passé se conjugue au genre et au nombre, comme les adjectifs. Il y a deux types de terminaisons :

Masculin			
sing.		plur.	
-ur	-inn	-ir	-nir

Féminin			
sing.		plur.	
-uð	-in	-ar	-nar

Neutre			
sing.		plur.	
-að	-ið	-uð	-in

Le verbe **að lána**, *prêter* :
Hann er lánaður – þeir eru lánaðir, *Il est prêté – ils sont prêtés*
Hún er lánuð – þær eru lánaðar, *Elle est prêtée – elles sont prêtées*
Það er lánað – þau eru lánuð, neutre
Remarque : Pour certains verbes on ajoute un suffixe, intermédiaire à la terminaison. Voilà pourquoi au masc. sing et plur. le verbe est **lán-að-ur** et **lán-að-ir**, et le fém. pl. **lán-að-ar**.

Le verbe **að koma**, *arriver/venir* :
Hann er kominn – þeir eru komnir, *Il est arrivé – ils sont arrivés*
Hún er komin – þær eru komnar, *Elle est arrivée – elles sont arrivées*
Það er komið – þau eru komin, *C'est arrivé – ils sont arrivés* (neutre)

Le participe passé exprime le temps et la durée, mais aussi parfois la voix passive (**þeir eru lánaðir**, *ils sont prêtés*). Il peut aussi avoir la fonction d'adjectif, voire être confondu avec un adjectif (pour des raisons grammaticales). Par exemple : **Hann er þekktur**, *Il est connu*. S'agit-il du participe passé du verbe **að þekkja**, ou bien de l'adjectif qui a exactement le même comportement ?

▲ CONJUGAISON

LE VERBE AÐ KOSTA, *COÛTER*

Ég kosta	Je coûte
Þú kostar	Tu coûtes
Hann/Hún/Það kostar	Il/Elle/neutre coûte
Við kostum	Nous coûtons
Þið kostið	Vous coûtez
Þeir/Þær/Þau kosta	Ils/Elles/neutre coûtent

Remarquez la contraction à la deuxième personne de la forme interrogative :
Kostar þú? *Tu coûtes ?* → **Kostarðu?**

Ég kostaði	J'ai coûté
Þú kostaðir	Tu as coûté
Hann/Hún/Það kostaði	Il/Elle/neutre a coûté
Við kostuðum	Nous avons coûté
Þið kostuðuð	Vous avez coûté
Þeir/Þær/Þau kostuðu	Ils/Elles/neutre ont coûté

LE VERBE AÐ LÁNA, *PRÊTER*

Ég lána	Je prête
Þú lánar	Tu prêtes
Hann/Hún/Það lánar	Il/Elle/neutre prête
Við lánum	Nous prêtons
Þið lánið	Vous prêtez
Þeir/Þær/Þau lána	Ils/Elles/neutre prêtent

Remarquez la contraction à la deuxième personne de la forme interrogative :
Lánar þú? *Tu prêtes ?* → **Lánarðu?**

Ég lánaði	J'ai prêté
Þú lánaðir	Tu as prêté
Hann/Hún/Það lánaði	Il/Elle/neutre a prêté
Við lánuðum	Nous avons prêté
Þið lánuðuð	Vous avez prêté
Þeir/Þær/Þau lánuðu	Ils/Elles/neutre ont prêté

LE VERBE AÐ NOTA, *UTILISER*

Ég nota	J'utilise
Þú notar	Tu utilises
Hann/Hún/Það notar	Il/Elle/neutre utilise
Við notum	Nous utilisons
Þið notið	Vous utilisez
Þeir/Þær/Þau nota	Ils/Elles/neutre utilisent

Remarquez la contraction à la deuxième personne de la forme interrogative :
Notar þú? *Tu utilises ?* → **Notarðu?**

●VOCABULAIRE

fundur, fund, fundi, fundar ; fundir, fundi, fundum, funda *réunion ; réunions*
á morgun *demain*
lánað ; að lána *prêté ; prêter*
bíll(inn), bíl(inn), bíl(num), bíls(ins) ; bílar(nir), bíla(na), bílu(nu)m, bíla(nna) *(la) voiture ; (les) voitures*
því miður *malheureusement*
að nota *utiliser*
að sækja *chercher*
flugvöllur(inn), flugvöll(inn), flugvelli(num), flugvallar(ins) ; flugvellir(nir), flugvelli(na), flugvöllu(nu)m, flugvalla(nna) *(l') aéroport ; (les) aéroports*
þá *alors*
mikið *beaucoup*
vagn(inn), vagn(inn), vagni(num), vagns(ins) ; vagnar(nir), vagna(na), vögnu(nu)m, vagna(nna) *bus ; (les) bus*
nýlega *récemment*
stoppar ; að stoppa *s'arrête ; s'arrêter*
Borgarnesvagninn *le bus pour Borgarnes*
hvað kostar ; að kosta *combien coûte ; coûter*
um það bil *environ*
frestur(inn), frest(inn), fresti(num), frests(Ins), délai ; frestir(nir), fresti(na), frestu(nu)m, fresta(nna), *(les) délais*
sjaldnar ; sjaldan *plus rarement ; rarement*
utan *hors*
háannatími, háannatíma, háannatíma, háannatíma *heure de pointe*
ódýr *pas cher*

⬢EXERCICES

1.A. LE VERBE AÐ NOTA, *UTILISER*, **SE CONJUGUE AU PASSÉ COMME LE VERBE AÐ LÁNA,** *PRÊTER*. **RÉFÉREZ-VOUS AU TABLEAU DANS LA PARTIE CONJUGAISON, POUR REMPLIR CE TABLEAU :**

Ég	J'ai utilisé
Þú	Tu as utilisé
Hann/Hún/það	Il/Elle/neutre a utilisé
Við	Nous avons utilisé
Þið	Vous avez utilisé
Þeir/Þær/þau	Ils/Elles/neutre ont utilisé

B. DONNEZ LA FORME DU PARTICIPE PASSÉ, INVARIABLE ET DANS LA FORME DU MASCULIN SINGULIER POUR LA FORME VARIABLE, AVEC LE VERBE *ÊTRE* **:**

Hann hefur ....

Hann er ....

2.ÉCOUTEZ LES PHRASES, DITES-LES À HAUTE VOIX. DONNEZ ENSUITE LA TRADUCTION EN FRANÇAIS :

a. Ég er farinn.

→

b. Þær eru farnar.

→

c. Ég hef komið til Frakklands.

→

d. Ég fór til Íslands.

→

Se déplacer

16.
FAIRE DU SHOPPING

AÐ KAUPA FÖT

OBJECTIFS

- ACHETER DES VÊTEMENTS
- CONNAÎTRE LES COULEURS
- EXPRIMER L'ENVIE, LE BESOIN

NOTIONS

- LE VERBE AÐ NENNA
- MONSIEUR/MADAME
- LE PRONOM INDÉFINI NEINN
- LE VERBE CHOISIR

TU VEUX BIEN VENIR FAIRE DU SHOPPING ?

DÍSA : Yngvi, tu veux bien venir avec moi faire du shopping ? Je dois trouver des vêtements pour la fête d'entreprise de Birgir.

YNGVI : Oui, absolument ! Je suis libre maintenant, si tu veux. Je n'avais rien de prévu après le boulot.

DÍSA : Oh, merci. Je n'aime pas aller toute seule à Kringlan.

YNGVI : Je le comprends. J'aime bien choisir des vêtements pour les autres. Et en plus c'est les soldes !

DÍSA : J'ai envie de trouver une robe rouge. Ou noire, avec un collant de couleur.

YNGVI : Voyons… tu es petite, tu dois donc porter une jupe ou une robe courte. Le vert te va aussi très bien. Tu fais quelle taille ?

DÍSA : Je mets du 36, le plus souvent. Je ne veux rien de vert.

YNGVI : Je choisis pour toi : je suis le meilleur conseiller mode du monde !

DÍSA : Oui, d'accord, mais je ne veux rien de trop décolleté ou voyant. C'est une fête respectable dans l'entreprise de mon amoureux.

YNGVI : Haha, je vous promets, Madame Dísa, que vous serez respectable avec Monsieur Birgir au bal.

NENNIRÐU AÐ KOMA Í BÚÐIR?

DÍSA: Yngvi, nennir þú að koma í verslunarleiðangur? Ég þarf að finna föt fyrir árshátíðina í fyrirtækinu hans Birgis.

YNGVI: Já, endilega! Ég er laus núna, ef þú vilt. Ég ætlaði ekki að gera neitt sérstakt eftir vinnu.

DÍSA: Æ, takk. Mér finnst svo leiðinlegt að fara ein í Kringluna.

YNGVI: Ég skil það. Mér finnst svo gaman að velja föt á aðra. Og þar að auki er útsala!

DÍSA: Mig langar að finna rauðan kjól. Eða svartan og litaðar sokkabuxur við.

YNGVI: Sko. Þú ert lágvaxin og átt að vera í stuttu pilsi eða kjól. Grænt fer þér líka mjög vel. Númer hvað notarðu?

DÍSA: Ég nota 36, oftast. Mig langar ekki í neitt grænt.

YNGVI: Ég vel fyrir þig. Ég er besti tískuráðgjafi í heimi!

DÍSA: Já, ókei, ég treysti þér, en ég vil ekkert of flegið eða áberandi. Þetta er virðuleg árshátíð í fyrirtæki kærastans míns!

YNGVI: Haha! Ég lofa yður, frú Dísa að þér verðið virðuleg með herra Birgi á ballinu!

COMPRENDRE LE DIALOGUE
LA MODE, LA MODE !

Kringlan
Le premier centre commercial en Islande, Kringlan, fut inauguré à la périphérie de Reykjavik en 1987. Il devait alors devenir le nouveau centre-ville, à l'instar de la rue Laugavegur, rue principale rassemblant l'essentiel des magasins de mode de la ville. Kringla signifie « forme ronde », c'est l'appellation de la rue qui entoure le bâtiment. C'est également un nom de biscuit de forme cylindrique, troué au milieu. Kringlan a doublé de taille depuis son ouverture, et accueille aujourd'hui un cinéma et le théâtre de la ville, Borgarleikhúsið. Le centre commercial n'a jamais réussi à détrôner la rue Laugavegur. Malgré quelques passages à vide, aujourd'hui, le centre ville a retrouvé son affluence d'antan, notamment grâce à l'essor du tourisme.

Les vêtements
Dans ce dialogue, nous rencontrons quelques termes appartenant au champ lexical des *vêtements*, **föt**, voyons de quoi nous habiller !

Buxur(nar), buxur(nar), buxu(nu)m, buxna(nna) (uniquement au pluriel), *(le) pantalon*
Peysa(n), peysu(na), peysu(nni), peysu(nnar), *(le) pull* ; **peysur(nar), peysur(nar), peysu(nu)m, peysa(nna),** *(les) pulls*
pils, *jupe* (déclinaison Vocabulaire)
kjóll, *robe* (déclinaison Vocabulaire)
jakki(nn), jakka(nn), jakka(num), jakka(ns), *(la) veste* ; **jakkar(nir), jakka(na), jökku(nu)m, jakka(nna),** *(les) vestes*
skór(inn), skó(inn), skó(num), skós(ins), *(la) chaussure* ; **skór(nir), skó(na), skó(num), skó(nna),** *(les) chaussures*
stærð, *taille*
fatastærð, *taille de vêtements*
skóstærð, *pointure de chaussures*
verslun(in), verslun(ina), verslun(inni), verslunar(innar), *(le) magasin* ; **verslanir(nar), verslanir(nar), verslunu(nu)m, verslana(nna),** *(les) magasins*

YNGVI: Sko. Þú ert lágvaxin og átt að vera í stuttu pilsi eða kjól.
YNGVI : *Voyons… tu es petite, tu dois donc porter une jupe ou une robe courte.*
Rappelez-vous, nous avons déjà vu l'adjectif court, avec les cheveux de Palli !

TOUTES LES COULEURS !

Comme les autres adjectifs, les couleurs se déclinent en 4 cas, 3 genres, 2 nombres et 3 degrés.
- → **gulur**, **gul**, **gult**, *jaune*, *jaune*, neutre
- → **appelsínugulur**, **appelsínugul**, **appelsínugult**, *orange* [litt. jaune orange]
- → **rauður**, **rauð**, **rautt**, *rouge*, *rouge*, neutre
- → **grænn**, **græn**, **grænt**, *vert*, *verte*, neutre
- → **blár**, **blá**, **blátt**, *bleu*, *bleue*, neutre
- → **svartur**, **svört**, **svart**, *noir*, *noire*, neutre
- → **hvítur**, **hvít**, **hvítt**, *blanc*, *blanche*, neutre
- → **fjólublár**, **fjólublá**, **fjólublátt**, *violet*, *violette*, neutre [litt. bleu violet]
- → **bleikur**, **bleik**, **bleikt**, *rose*, *rose*, neutre
- → **brúnn**, **brún**, **brúnt**, *marron*, *marron*, neutre

NOTE CULTURELLE

Le pull **lopapeysa**

C'est l'indémodable des garde-robes islandaises ! Il est incontournable de posséder un pull en laine quand on vit ou séjourne sur l'île. Ce n'est pas une vieille tradition puisque les premiers pulls apparaissent dans les années 50, dans des couleurs vives. Aujourd'hui, on trouve de tout mais la tendance est aux tons plus naturels, plus populaires aux yeux des touristes.

La *laine* **lopi** protège du froid et de la pluie et assure un look branché en toute circonstance, très prisée par les **lattélepjandi lopapeysur**, *les pulls en laine qui lapent le latté*, soit les « bobos islandais », et les hippies toute époque confondue !

Si les goûts et les couleurs passent de mode, la laine utilisée et les motifs (encolure, manche, hanche) sont élémentaires.

◆ GRAMMAIRE
LES MARQUES DE RESPECT

À la fin du dialogue, juste pour rire, Yngvi vouvoie Dísa et s'adresse à elle en utilisant **frú**, *Madame*. Son amoureux est aussi appelé **herra Birgir**, *Monsieur Birgir*. Ce n'est vraiment que pour rire, car les Islandais ont carrément fait disparaître l'utilisation de ce registre soutenu du langage. Vous n'avez jamais besoin d'utiliser un de ces titres afin de vous adresser à quelqu'un.

En vouvoiement, les pronoms personnels ne sont pas les mêmes que la première et la deuxième personne du pluriel, comme en français, ce sont des pronoms personnels à part :
→ 1re personne : **við, okkur, okkur, okkar** devient : **vér, oss, oss, vor**, *nous*
→ 2e personne : **þið, ykkur, ykkur, ykkar** devient : **þér, yðúr, yðúr, yðar**, *vous*

On peut rencontrer ces formes dans la poésie et des vieux textes ou éventuellement dans des traductions de textes étrangers, mais c'est assez peu répandu aujourd'hui de traduire par un vouvoiement.

LE PRONOM INDÉFINI NEINN, *AUCUN/RIEN*

Il a déjà été vu dans le chapitre 11 :
þú veist að þú mátt ekki nota orðið að elska um <u>neitt</u> nema fólk…, *tu sais qu'il ne faut pas dire qu'on aime autre chose que les gens…*
Et le voici dans ce dialogue :
Ég vil ekki <u>neitt</u> grænt. *Je ne veux rien de vert.*
Ce pronom indéfini ne peut pas être utilisé sans la négation **ekki**, *ne (pas)*, ou **aldrei**, *jamais*.

	Singulier			Pluriel		
	masc.	fém.	neutre	masc.	fém.	neutre
nom.	**neinn**	**nein**	**neitt**	**neinir**	**neinar**	**nein**
acc.	**neinn**	**neina**	**neitt**	**neina**	**neinar**	**nein**
dat.	**neinum**	**neinni**	**neinu**	**neinum**	**neinum**	**neinum**
gén.	**neins**	**neinnar**	**neins**	**neinna**	**neinna**	**neinna**

Exemples d'utilisation :
ekki neinn, *personne* ; **ekki neitt**, *rien* ; **aldrei neitt**, *jamais nulle part*.
Það kom ekki neinn í boðið, *Personne n'est venu à la fête.*
Ég sé ekki neitt, *Je ne vois rien.*
Við förum aldrei neitt, *Nous n'allons jamais nulle part.*

▲ CONJUGAISON
LE VERBE AÐ NENNA

On dit souvent que ce verbe de grande utilité n'existe qu'en islandais. Mais s'il est difficile de le traduire en espagnol, en anglais ou encore en français, il a toutefois un équivalent dans les autres langues scandinaves. Ce verbe, **að nenna**, signifie très exactement le fait *d'avoir envie de faire quelque chose* malgré l'ennui que ça implique. Et donc, **að nenna ekki**, signifie *ne pas avoir envie de faire quelque chose* parce que c'est ennuyeux ou qu'on a la flemme.

Ég nenni	J'ai envie malgré la flemme
Þú nennir	Tu as envie malgré la flemme
Hann/Hún/Það nennir	Il/Elle/neutre a envie malgré la flemme
Við nennum	Nous avons envie malgré la flemme
Þið nennið	Vous avez envie malgré la flemme
Þeir/Þær/Þau nenna	Ils/Elles/neutre ont envie malgré la flemme

Remarquez la contraction à la deuxième personne de la forme interrogative :
Nennir þú? *Tu as envie malgré la flemme ?* → **Nennirðu?**

Ég nennti	J'avais envie
Þú nenntir	Tu avais envie
Hann/Hún/Það nennti	Il/Elle/neutre avait envie
Við nenntum	Nous avions envie
Þið nenntuð	Vous aviez envie
Þeir/Þær/Þau nenntu	Ils/Elles/neutre avaient envie

LE VERBE AÐ VELJA, *CHOISIR*

Ég vel	Je choisis
Þú velur	Tu choisis
Hann/Hún/Það velur	Il/Elle/neutre choisit
Við veljum	Nous choisissons
Þið veljið	Vous choisissez
Þeir/Þær/Þau velja	Ils/Elles/neutre choisissent

Remarquez la contraction à la deuxième personne de la forme interrogative :
Velur þú? *Tu choisis ?* → **Velurðu?**

Ég valdi	J'ai choisi
Þú valdir	Tu as choisi
Hann/Hún/Það valdi	Il/Elle/neutre a choisi
Við völdum	Nous avons choisi
Þið völduð	Vous avez choisi
Þeir/Þær/Þau völdu	Ils/Elles/neutre ont choisi

LE VERBE AÐ LOFA, *PROMETTRE*

Ég lofa	Je promets
Þú lofar	Tu promets
Hann/Hún/Það lofar	Il/Elle/neutre promet
Við lofum	Nous promettons
Þið lofið	Vous promettez
Þeir/Þær/Þau lofa	Ils/Elles/neutre promettent

Remarquez la contraction à la deuxième personne de la forme interrogative :
Lofar þú? *Tu promets ?* → **Lofarðu**

Ég lofaði	J'ai promis
Þú lofaðir	Tu as promis
Hann/Hún/Það lofaði	Il/Elle/neutre a promis
Við lofuðum	Nous avons promis
Þið lofuðuð	Vous avez promis
Þeir/Þær/Þau lofuðu	Ils/Elles/neutre ont promis

●VOCABULAIRE

nennirðu ; að nenna (voir Conjugaison)
verslunarleiðangur(inn),
verslunarleiðangur(inn),
verslunarleiðangri(num),
verslunarleiðangurs(ins)
expédition de shopping [litt.
expédition des magasins]
föt(in), föt(in), fötu(nu)m, fata(nna)
vêtements (n'existe pas au sing.)
árshátíð(in), árshátíð(ína),
árshátíð(inni), árshátíðar(innar) ;
árshátíðir(nar), árshátíðir(nar),
árshátíðu(nu)m, árshátíða(nna)
*(la) fête d'entreprise ; (les) fêtes
d'entreprises*
fyrirtæki(ð), fyrirtæki(ð),
fyrirtæki(nu), fyrirtækis(ins) ;
fyrirtæki(n), fyrirtæki(n),
fyrirtækju(nu)m, fyrirtækja(nna)
(l')entreprise ; (les) entreprises
sérstakt ; sérstakur *spécial*
(neutre) *; spécial* (masc.)
leiðinlegt ; leiðinlegur *ennuyeux*
(neutre) *; ennuyeux* (masc.)
að velja *choisir*
aðra ; annar *autres ; un autre*
þar að auki *en plus*
útsala(n), útsölu(na), útsölu(nni),
útsölu(nnar) ; útsölur(nar),
útsölur(nar), útsölu(nu)m,
útsala(nna) *(les) soldes* (sing.) *;
(les) soldes* (plur.)
rauðan ; rauður *rouge* (masc. acc.) *;
rouge* (masc. nom.)

svartan ; svartur *noir* (masc. acc.) *;
noir* (masc. nom.)
litaðar ; litaður *colorées* (fém. plur.
nom.) *; coloré* (masc. nom.)
sokkabuxur(nar), sokkarbuxur(nar),
sokkabuxu(nu)m,
sokkabuxna(nna) *(les) collants*
(existe seulement au plur.)
við *avec*
stuttu ; stuttur *court* (neutre datif) *;
court* (masc. nom.)
pils(ið), pils(ið), pilsi(nu), pils(ins) ;
pils(in), pils(in), pilsu(nu)m,
pils(anna) *(la) jupe ; (les) jupes*
kjóll(inn), kjól(inn), kjól(num),
kjóls(ins) ; kjólar(nir), kjóla(na),
kjólu(nu)m, kjóla(nna) *(la) robe ;
(les) robes*
grænt ; grænn *vert* (neutre) *; vert* (masc.)
númer *numéro/taille*
neitt *rien*
heimur(inn), heim(inn),
heimi(num), heims(ins) *monde*
ég treysti ; að treysta *je te fais
confiance ; faire/avoir confiance*
flegið ; fleginn *décolleté* (neutre) *;
décolleté* (masc.)
áberandi *voyant*
virðuleg ; virðulegur *respectable*
(fém.) *; respectable* (masc.)
ég lofa ; að lofa *je promets ; promettre*
yður *vous* (vouvoiement)
frú / herra *madame/monsieur*
ball(ið), ball(ið), ball(inu), balls(ins) ;
böll(in), böll(in), böllu(nu)m,
balla(nna) *(le) bal ; (les) bals*

183

●EXERCICES

1.INSÉREZ LE PRONOM NEINN, DANS SA FORME CORRECTE :

a. Ég er ekki í .... fötum.

b. Það kom ekki .... barn í afmælið.

c. Það komu ekki .... konur á útsöluna.

d. Það er ekki .... tími til þess.

e. Ég á ekki .... buxur.

2.ÉCOUTEZ LES QUESTIONS, ET RÉPONDEZ EN ISLANDAIS, AVEC DES PHRASES COMPLÈTES :

a. Langar Dísu í gulan kjól?

→

→

b. Hver er besti tískuráðgjafi í heimi?

→

c. Hvað heitir kærastinn hennar Dísu?

→

d. Hvert ætla Dísa og Yngvi að fara til að versla?

→

e. Hvert er Dísa að fara með Birgi?

→

17.
AVENT ET NOËL

AÐVENTAN OG JÓLIN

OBJECTIFS

- DÉFINIR LE NOËL ISLANDAIS
- DIFFÉRENCIER NOMBRES CARDINAUX ET ORDINAUX
- DATER SON PROPOS

NOTIONS

- LES HOMONYMES
- HEIMA
- LE VERBE ACHETER
- LE VERBE PENSER
- LE VERBE ESSAYER

À L'APPROCHE DE NOËL

JÓHANN : J'ai acheté le premier cadeau de Noël à Copenhague l'autre jour. Un très beau manteau pour mon père.

BIRNA : Je n'ai pas encore commencé à penser à Noël. Pourtant, nous sommes le 12 décembre, le premier père Noël est arrivé.

JÓHANN : Non, je n'ai pas non plus commencé à penser aux cadeaux de Noël, mais parfois il arrive qu'on tombe sur un cadeau.

BIRNA : Exactement ! Mais tu seras où à Noël, d'ailleurs ? Ici chez toi ou à l'étranger ?

JÓHANN : Ici. J'essaie toujours d'être ici pour Noël et le Nouvel An.

BIRNA : Je le comprends bien, oui. Toutes ces guirlandes lumineuses et les décorations en Islande sont un bon réconfort pendant la période la plus sombre de l'année.

JÓHANN : Oui, et tous les concerts de l'Avent et les marchés de Noël.

JÓLIN KOMA!

JÓHANN: Ég keypti fyrstu jólagjöfina í Kaupmannahöfn um daginn. Mjög fínan frakka á pabba.

BIRNA: Ég er ekki byrjuð að hugsa um jólin. Samt er kominn tólfti desember, fyrsti jólasveinninn er kominn.

JÓHANN: Nei, ég var ekki heldur farinn að spá í jólagjafirnar, en stundum gerist þetta, að maður dettur niður á gjöf.

BIRNA: Einmitt! En hvar verður þú annars um jólin? Hér heima eða úti?

JÓHANN: Hér. Ég reyni alltaf að vera heima á jólum og áramótum.

BIRNA: Ég skil það vel, já. Allar þessar ljósaseríur og skreytingar hér á Íslandi eru auðvitað góð huggun á dimmasta tíma ársins.

JÓHANN: Já, og allir aðventutónleikarnir og jólamarkaðirnir.

COMPRENDRE LE DIALOGUE
FRAKKI – UN MANTEAU OU UN FRANÇAIS ?

Encore un mot qui a deux significations bien distinctes. **Frakki**, c'est le nom donné aux ressortissants français, mais c'est aussi un manteau.

stuttur frakki, *manteau court*, **síður frakki**, *manteau long*, **ullarfrakki**, *manteau en laine* ; **skemmtilegur Frakki**, *un Français amusant*, **dökkhærður Frakki**, *un Français aux cheveux bruns…*

Ils se conjuguent de la même façon, mais l'homme porte une majuscule pour se distinguer du vêtement :
frakki(nn), frakka(nn), frakka(num), frakka(ns), *(le) manteau/Français* ;
frakkar(nir), frakka(na), frökku(nu)m, frakka(nna), *(les) manteaux/Français*.

L'adjectif pour *français/française/*neutre est **franskur, frönsk, franskt**, comme on l'a vu dans le troisième chapitre.
Donc, pour dire *un manteau français* : **franskur frakki**.
Mais, pour dire *un Français canadien* : **kanadískur Frakki**.
On peut se trouver avec la phrase un peu lourde : **Frakkinn og frakkinn hans**, *le Français et son manteau*, mais si on écrit un texte soigné on contourne par exemple par : **Franski maðurinn og frakkinn hans**, *l'homme français et son manteau*.

HEIMA EÐA ÚTI?

Les Islandais considèrent l'Islande comme leur foyer même lorsqu'ils sont expatriés. L'Islande est désignée comme **heima**, *chez soi*, ad vitam eternam, peu importe le lieu de résidence. Donc, quand Birna parle de **heima**, *chez soi*, Jóhann sait qu'elle parle de l'Islande. En plus, elle ajoute **úti**, *dehors* pour évoquer la notion « d'ailleurs ». **Úti** suffit pour dire *à l'étranger*, d'où le mot **útlendingur** pour *un étranger*.

LES JOYEUX LURONS !

Birna mentionne le fait qu'on est le 12 décembre dans le dialogue, car c'est à cette date qu'une partie importante des fêtes de fin d'année commence en Islande.
Du 12 au 24 décembre, les joyeux lurons débarquent, pour jouer des tours aux enfants. Ces pères Noël islandais, malicieux et farceurs, sont 13 et s'appellent **Stekkjastaur** (*l'échalas des bergeries*), **Giljagaur** (*le dadais des ravins*), **Stúfur** (*le trapu*), **Þvörusleikir** (*le lèche-cuillère*), **Pottaskefill** (*le gratte-pot*), **Askasleikir** (*le lèche-gamelle*), **Hurðaskellir** (*le claque-portes*), **Skyrgámur** (*le glouton du skyr*),

Bjúgnakrækir (*le voleur de saucisses*), **Gluggagægir** (*le voyeur*), **Gáttaþefur** (*le renifleur*), **Ketkrókur** (*le voleur de viande*) et **Kertasníkir** (*le voleur de bougies*). Les enfants mettent une chaussure au bord de la fenêtre de leur chambre, et au matin, ils découvrent le petit cadeau déposé par chaque père Noël. Un bonbon, une mandarine ou bien une patate pourrie si l'enfant n'a pas été sage ! Pendant les 13 jours, chaque père Noël apporte un petit cadeau.

NOTE CULTURELLE

Joyeux Noël !
Noël est la plus grande fête en Islande. Croyant ou non, quasiment tout le monde y participe. Dès le premier week-end de l'Avent, on assiste à une série de concerts, *buffets au travail* (**jólahlaðborð**), pots de *vin chaud*, le **glögg**, achat de cadeaux, fabrication de petits gâteaux maison (pain d'épice, sablés…), etc. Le sombre mois de décembre est illuminé par des lumières : dans les arbres, sur et dans les maisons… Le mot *Noël*, **jól** vient justement de **ljós**, *lumière* et cette fête existait probablement avant la christianisation du pays, puisque la fête de fin d'année correspond également à l'ancienne fête du solstice d'hiver.

Traditionnellement la Norvège offre à l'Islande un immense sapin, qui trône au cœur de Reykjavik, devant l'Assemblée Nationale.

Le 24 est une journée sacrée. Fériée à partir de midi, tout le monde prépare la grande soirée. Il est de coutume d'offrir des cadeaux pour toute la famille, qu'on distribue en avance pour qu'ils soient posés sous le sapin dans le salon. À 18h, la radio islandaise diffuse la sonnerie des cloches, qui font *« entrer Noël »* (**að hringja jólin inn**), un grand repas festif est consommé puis les cadeaux sont enfin ouverts. Attention, on n'attribue pas ces cadeaux à la bonté des pères Noël, comme en France ou ailleurs. Ils ont déjà donné. Le 25 et le 26 sont fériés également et sont bien occupés aussi : grandes fêtes de famille, lecture en mangeant du chocolat, parties de cartes, danse autour du sapin…

Tout et n'importe quoi prend le préfixe **jóla-** à cette période de folie douce : **Jólamatur** (*nourriture de Noël*), **jólatónleikar** (*concert de Noël*), **jólaföt** (*vêtements de Noël*), **jólabók** (*livre de Noël*)… **Gleðileg jól!**

LES NOMBRES ORDINAUX

Nous avons déjà vu les nombres, et la déclinaison des nombres de 1 à 4. À partir de 5, les nombres cardinaux sont figés, et ne se déclinent pas.

En revanche, tous les nombres ordinaux se déclinent, et s'adaptent au genre. La déclinaison est très régulière, hormis *premier*, qui est le seul à avoir deux déclinaisons, forte et faible, et *deuxième*, qui ne se décline qu'en déclinaison forte et qui a un changement de voyelle dans son radical.

Voici *premier*, dans les trois genres, singulier et pluriel dans la déclinaison forte :

Singulier	masc.	fém.	neutre
nom.	**fyrstur**	**fyrst**	**fyrst**
acc.	**fyrstan**	**fyrsta**	**fyrst**
dat.	**fyrstum**	**fyrstri**	**fyrstu**
gén.	**fyrsts**	**fyrstrar**	**fyrsts**
Pluriel	masc.	fém.	neutre
nom.	**fyrstir**	**fyrstar**	**fyrst**
acc.	**fyrsta**	**fyrstar**	**fyrst**
dat.	**fyrstum**	**fyrstum**	**fyrstum**
gén.	**fyrstra**	**fyrstra**	**fyrstra**

Voici *le premier*, dans les trois genres, singulier et pluriel, dans la déclinaison faible, comme vous voyez, cette déclinaison est plus simple, et elle est la même pour tous les nombres de 3 et plus :

Singulier	masc.	fém.	neutre
nom.	**fyrsti**	**fyrsta**	**fyrsta**
acc.	**fyrsta**	**fyrstu**	**fyrsta**
dat.	**fyrsta**	**fyrstu**	**fyrsta**
gén.	**fyrsta**	**fyrstu**	**fyrsta**
Pluriel	masc.	fém.	neutre
nom.	**fyrstu**	**fyrstu**	**fyrstu**
acc.	**fyrstu**	**fyrstu**	**fyrstu**
dat.	**fyrstu**	**fyrstu**	**fyrstu**
gén.	**fyrstu**	**fyrstu**	**fyrstu**

Voici *deuxième*, qui ne se décline qu'en déclinaison forte. Attention, ce mot peut aussi être un pronom indéfini, ils ont la même morphologie, mais n'ont pas le même sens. Le pronom indéfini signifie alors un autre !

Singulier	masc.	fém.	neutre
nom.	annar	önnur	annað
acc.	annan	aðra	annað
dat.	öðrum	annarri	öðru
gén.	annars	annarrar	annars
Pluriel	masc.	fém.	neutre
nom.	aðrir	aðrar	önnur
acc.	aðra	aðrar	önnur
dat.	öðrum	öðrum	öðrum
gén.	annarra	annarra	annarra

Pour les nombres qui suivent, il suffit d'apprendre la forme du masculin, singulier, nominatif (la forme dictionnaire), pour pouvoir les décliner de la même façon que *premier* faible.

þriðji, *troisième*, **fjórði**, *quatrième*, **fimmti**, *cinquième*, **sjötti**, *sixième*, **sjöundi**, *septième*, **áttundi**, *huitième*, **níundi**, *neuvième*, **tíundi**, *dixième*…

LA DATE

Pour annoncer une date en islandais, on utilise un nombre ordinal plus le mois. L'ordre pour la date en chiffres est comme en français. Le nombre est au masculin. Par exemple,
23 novembre 2010
donne
23/11/2010 (en chiffre)
Tuttugasti og þriðji nóvember, tvö þúsund og tíu (en toutes lettres)
et/ou
23. nóvember 2010.
On met un point après un nombre ordinal.
La date se décline :
Aujourd'hui nous sommes le seize janvier, **Í dag er sextándi janúar**.
Nous nous sommes rencontrés le seize janvier, **Við hittumst sextánda janúar.**

▲ CONJUGAISON
LE VERBE AÐ KAUPA, ACHETER

Ég kaupi	J'achète
Þú kaupir	Tu achètes
Hann/Hún/Það kaupir	Il/Elle/neutre achète
Við kaupum	Nous achetons
Þið kaupið	Vous achetez
Þeir/Þær/Þau kaupa	Ils/Elles/neutre achètent

Remarquez la contraction à la deuxième personne de la forme interrogative :
Kaupir þú? *Tu achètes ?* → **Kaupirðu?**

Ég keypti	J'ai acheté
Þú keyptir	Tu as acheté
Hann/Hún/Það keypti	Il/Elle/neutre a acheté
Við keyptum	Nous avons acheté
Þið keyptuð	Vous avez acheté
Þeir/Þær/Þau keyptu	Ils/Elles/neutre ont acheté

LE VERBE AÐ HUGSA, PENSER

Ég hugsa	Je pense
Þú hugsar	Tu penses
Hann/Hún/Það hugsar	Il/Elle/neutre pense
Við hugsum	Nous pensons
Þið hugsið	Vous pensez
Þeir/Þær/Þau hugsa	Ils/Elles/neutre pensent

Remarquez la contraction à la deuxième personne de la forme interrogative :
Hugsar þú? *Tu penses ?* → **Hugsarðu**

Ég hugsaði	J'ai pensé
Þú hugsaðir	Tu as pensé
Hann/Hún/Það hugsaði	Il/Elle/neutre a pensé
Við hugsuðum	Nous avons pensé
Þið hugsuðuð	Vous avez pensé
Þeir/Þær/Þau hugsuðu	Ils/Elles/neutre ont pensé

LE VERBE AÐ REYNA, *ESSAYER*

Ég reyni	J'essaie
Þú reynir	Tu essaies
Hann/Hún/Það reynir	Il/Elle/neutre essaie
Við reynum	Nous essayons
Þið reynið	Vous essayez
Þeir/Þær/Þau reyna	Ils/Elles/neutre essayent

Remarquez la contraction à la deuxième personne de la forme interrogative :
Reynir þú? *Tu essaies ?* → **Reynirðu?**

Ég reyndi	J'ai essayé
Þú reyndir	Tu as essayé
Hann/Hún/Það reyndi	Il/Elle/neutre a essayé
Við reyndum	Nous avons essayé
Þið reynduð	Vous avez essayé
Þeir/Þær/Þau reyndu	Ils/Elles/neutre ont essayé

⬢ EXERCICES

1. EXERCICE SUR LES DATES => TRANSCRIVEZ LES DATES SUIVANTES EN ISLANDAIS :

a. 17 juin 1944 : ....

b. 25 février 1987 : ....

c. 14 mars 2017 : ....

d. 8 août 1918 : ....

e. 3 novembre 2003 : ....

2. VRAI OU FAUX : ÉCOUTEZ LES PHRASES EN ISLANDAIS ET RÉPONDEZ PAR VRAI OU FAUX.

a. Jóhann verður í Kaupmannahöfn um jólin.

☐ Vrai
☐ Faux

b. Birna er búin að kaupa jólagjafirnar.

☐ Vrai
☐ Faux

c. Jólasveinninn Stekkjastaur kemur 12. desember.

☐ Vrai
☐ Faux

d. Jóhann gefur pabba sínum frakka í jólagjöf.

☐ Vrai
☐ Faux

e. Í desember eru ekki neinar ljósaseríur í Reykjavík.

☐ Vrai
☐ Faux

●VOCABULAIRE

jól(in), jól(in), jólu(nu)m, jóla(nna) *(les) Noëls (uniquement au plur.)*
ég keypti ; að kaupa *j'ai acheté ; acheter*
fyrstu ; fyrstur *première ; premier*
jólagjöf(in), jólagjöf(ina), jólagjöf(inni), jólagjafar(innar) ; jólagjafir(nar), jólagjafir(nar), jólagjöfu(nu)m, jólagjafa(nna) *(le) cadeau de Noël ; (les) cadeaux de Noël*
Kaupmannahöfn *Copenhague*
frakka ; frakki *manteau (acc.) ; manteau (nom.)*
byrjuð ; að byrja *commencé ; commencer*
að hugsa *penser*
ekki heldur *non plus*
að spá *prévoir*
gerist ; að gerast *advient ; advenir*
dettur ; að detta *tombe ; tomber*
gjöf *cadeau (voir* **jólagjöf***)*
ég reyni ; að reyna *j'essaie ; essayer*
áramót(in), áramót(in), áramótu(nu)m, áramót(in) *(le) Nouvel An (uniquement au plur.)*
meira ; mikill *plus/encore ; beaucoup (masc.)*
um að vera *qui se passe*
ég skil ; að skilja *je comprends ; comprendre*
ljósasería(n), ljósaseríu(na), ljósaseríu(nni), ljósaseríu(nnar) ; ljósaseríur(nar), ljósaseríur(nar), ljósaseríu(nu)m, ljósasería(nna) *(la) guirlande lumineuse ; (les) guirlandes lumineuses*
skreyting(in), skreytingu(na), skreytingu(nni), skreytingar(innar) ; skreytingar(nar), skreytingar(nar), skreytingu(nu)m, skreytinga(nna) *(la) décoration ; (les) décorations*
huggun(in), huggun(ina), huggun(inni), huggunar(innar) ; hugganir(nar), hugganir(nar), huggunu(nu)m, huggana(nna) *(le) réconfort ; (les) réconforts*
dimmasta ; dimmur *le plus sombre ; sombre*
aðventa(n), aðventu(na), aðventu(nni), aðventu(nnar) *(l') avent*
tónleikar(nir), tónleika(na), tónleiku(nu)m, tónleika(nna) *(le) concert (uniquement au plur.)*
jólamarkaður(inn), markað(inn), markaði(num), markaðs(ins) ; markaðir(nir), markaði(na), mörkuðu(nu)m, markaða(nna) *(le) marché (de Noël) ; (les) marchés*
satt *vrai*
samt *cependant*
klikkaðir ; klikkaður *fous ; fou*

18.
LA BANQUE – LE BUREAU DE POSTE

BANKI - PÓSTHÚS

OBJECTIFS

- ALLER À LA BANQUE
- RETIRER DE L'ARGENT
- ENVOYER UNE CARTE POSTALE
- HORAIRES – HEURES D'OUVERTURE

NOTIONS

- L'ADJECTIF BON
- LE VERBE AÐ TAKA, PRENDRE
- LE VERBE ENVOYER
- LE VERBE SE SOUVENIR

Y'A-T-IL UN DISTRIBUTEUR DE BILLETS PRÈS D'ICI ?

BIRNA : Je dois retirer de l'argent [litt. je dois prendre dehors de l'argent]. Est-ce qu'il y a un distributeur près d'ici ?

YNGVI : Oui, il y a une banque à l'angle de la rue. Tu vas à gauche, en sortant. Pourquoi tu as besoin d'argent ?

BIRNA : Aïe, je n'aime pas ne pas avoir de liquide sur moi [litt. je trouve inconfortable de ne pas avoir de liquide sur moi].

YNGVI : J'utilise toujours la carte bancaire, je ne me souviens plus à quoi ressemblent les billets !

BIRNA : Je sais, mais je dois acheter un timbre pour une carte postale que je dois envoyer, et je trouve ridicule d'utiliser une carte bancaire pour une somme si basse.

YNGVI : Tu es si désuète, ma sœurette [litt. ma sœur gentille] ! Tu envoies une carte à qui ? Tu ne sais pas envoyer un mail ? Ha, ha !

BIRNA : Oui, oui, tu es très drôle ! Tu sais jusqu'à quelle heure le bureau de poste à Ármúli est ouvert ?

YNGVI : Oui, il ne ferme qu'à six heures.

BIRNA : Génial, je peux alors chercher une lettre recommandée en même temps.

ER HRAÐBANKI HÉR NÆRRI?

BIRNA: Ég þarf að taka út pening. Er hraðbanki hér nærri?

YNGVI: Já, það er banki niðri á horni. Þú ferð til vinstri, þegar þú kemur út. Af hverju þarftu pening?

BIRNA: Æ, mér finnst óþægilegt að vera ekki með reiðufé á mér.

YNGVI: Ég nota alltaf bara kortið, ég man ekki lengur hvernig peningar líta út!

BIRNA: Ég veit, en ég þarf að kaupa eitt frímerki á póstkort sem ég þarf að senda, og mér finnst fáránlegt að nota greiðslukort fyrir svo lága upphæð.

YNGVI: Þú ert svo gamaldags, systir góð! Hverjum ertu að senda kort? Kanntu ekki að senda tölvupóst? Haha!

BIRNA: Já, já, þú ert mjög fyndinn! Veistu annars hvað pósthúsið í Ármúla er opið lengi?

YNGVI: Já, það lokar ekki fyrr en klukkan sex.

BIRNA: Frábært, þá get ég líka sótt ábyrgðarbréf í leiðinni.

COMPRENDRE LE DIALOGUE
LES HORAIRES D'OUVERTURE

La fermeture du bureau de poste à 18 heures n'est pas habituelle en Islande, c'est pourquoi Yngvi dit **lokar ekki fyrr en klukkan sex**, *ne ferme qu'à six heures*. Souvent, les services publics (préfecture, registre national, etc.) ferment à 15 heures, et les banques ferment à 16 heures. Il faut rappeler que le dîner est souvent servi entre 18 et 19 heures, les Islandais rentrent donc tôt chez eux le soir !
Le matin, les heures d'ouverture peuvent varier entre 8 heures et 10 heures.
opinn, **opin**, **opið**, *ouvert, ouverte*, neutre – **að opna**, *ouvrir*
lokaður, **lokuð**, **lokað**, *fermé, fermée*, neutre – **að loka**, *fermer*

L'ARGENT – LA BANQUE

La monnaie utilisée aujourd'hui est la couronne islandaise, **króna**. Elle se divise en cent **aurar**. Avec l'afflux touristique, certains établissements indiquent désormais leurs prix en euros.
peningur(inn), **pening(inn)**, **pening(num)**, **penings(ins)**, *(l')argent* (sing.) ; **peningar(nir)**, **peninga(na)**, **peningu(nu)m**, **peninga(nna)**, *(l')argent* (plur.)
On utilise plus fréquemment argent au singulier :
ég á mikinn pening, *j'ai beaucoup d'argent* ; **ég á lítinn pening**, *j'ai peu d'argent*.
→ **fé(ð)**, **fé(ð)**, **fé(nu)**, **fjár(ins)**, *argent* (ce mot veut aussi dire *bétail*, *moutons*)
→ **reiðufé**, *argent (en) liquide*
→ **upphæð(in)**, **upphæð(ina)**, **upphæð(inni)**, **upphæðar(innar)**, *(la) somme (d'argent)*
→ **há/lág upphæð**, *somme forte/basse*
→ **kort(ið)**, **kort(ið)**, **korti(nu)**, **korts(ins)**, *(la) carte* ; **kort(in)**, **kort(in)**, **kortu(nu)m**, **korta(nna)**, *(les) cartes*
→ **greiðslukort**, *carte de paiement* (se décline comme *carte*)
→ **bankakort**, *carte bancaire* (se décline comme *carte*)
→ **banki(nn)**, **banka(nn)**, **banka(num)**, **banka(ns)**, *(la) banque* ; **bankar(nir)**, **banka(na)**, **bönku(nu)m**, **banka(nna)**, *(les) banques*
→ **að taka út pening**, *retirer de l'argent*
→ **að leggja inn pening**, *déposer de l'argent*
→ **að millifæra**, *faire un virement*
→ **að borga með korti**, *payer avec une carte*
→ **að borga með reiðufé**, *payer en liquide*

LE COURRIER – LA POSTE

Birna a l'intention d'envoyer une carte postale dans le dialogue, et nous permet de remarquer que **póstkort**, *carte postale* se décline comme *carte*. À l'instar du français, on peut aussi raccourcir et dire **kort**, *carte* – valable pour les cartes bancaires également.

Vocabulaire
- **póstur(inn)**, **póst(inn)**, **pósti(num)**, **pósts(ins)**, *(le) courrier*, *(le) facteur* (pas de pluriel)
- **pósthús(ið)**, **pósthús(ið)**, **pósthúsi(nu)**, **pósthúss(ins)**, *(le) bureau de poste* ; **pósthús(in)**, **pósthús(in)**, **pósthúsu(nu)m**, **pósthúsa(nna)**, *(les) bureaux de poste*
- **bréf(ið)**, **bréf(ið)**, **bréfi(nu)**, **bréfs(ins)**, *(la) lettre* ; **bréf(in)**, **bréf(in)**, **bréfu(nu)m**, **bréfa(nna)**, *(les) lettres*
- **að senda bréf**, *envoyer une lettre*
- **ábyrgðarbréf**, *lettre recommandée*
- **frímerki(ð)**, **frímerki(ð)**, **frímerki(nu)**, **frímerkis(ins)**, *(le) timbre* ; **frímerki(n)**,- **frímerki(n)**, **frímerkju(nu)m**, **frímerkja(nna)**, *(les) timbres*

NOTE CULTURELLE

En 2008, une crise bancaire affaiblit violemment l'Islande – après une période de croissance et dépenses folles. Les banques (privées) se sont vues nationalisées pour tenter d'enrayer la crise. L'incertitude régnait.

Un heureux hasard rétablit rapidement l'économie du pays : l'éruption du volcan Eyjafjallajökull en 2010. Ce phénomène naturel eut des incidences à l'échelle internationale ! Durant quelques semaines, le monde s'est focalisé sur l'activité volcanique de ce petit pays, jusqu'alors méconnu – les cendres provoquées par l'éruption immobilisant les avions internationaux au sol, notamment en Europe – et la communauté planétaire apprit à placer l'île sur une carte. Ni une ni deux, les touristes affluèrent. Le flux touristique créa de nouveau de l'emploi pour les Islandais, qui pour beaucoup avaient quitté le territoire pour trouver du travail – souvent en Norvège. Les chantiers de retour : certains reprennent confiance en la croissance, quand d'autres, plus sceptiques, craignent à nouveau la crise…

Mais chaque problème en son temps : aujourd'hui il n'est plus financier, ni de convaincre les gens de venir, mais plutôt de laisser les touristes profiter de la beauté de l'île, tout en gardant la nature intacte.

Un problème tout nouveau pour les Islandais, habitués depuis des siècles à l'isolation géographique.

◆ **GRAMMAIRE**
GOTT AÐ VITA – *BON À SAVOIR*

L'adjectif **góður**, **góð**, **gott**, *bon*, *bonne*, neutre, est un adjectif qu'il est *bon* (**gott**) de connaître. Il ne peut pas toujours être traduit par *bon*, en français. Tout dépend du nom qui l'accompagne, et du contexte :
→ **góðan daginn**, *bonjour* ; **góða nótt**, *bonne nuit*
→ **góður matur**, *repas*
→ **góð systir** signifie une *sœur gentille* (et absolument pas une bonne sœur !) mais si on pose l'adjectif après, c'est un marqueur d'affection : **systir góð**, *sœurette*.

Les formes des comparatifs de supériorité sont tellement différents au 1er degré qu'il faut faire attention à ne pas se tromper. La bonne nouvelle, c'est qu'ils ressemblent tous à leurs équivalents anglais :
→ **góður**, **betri**, **bestur**, *bon*, *meilleur*, *le meilleur* (angl. *good*, *better*, *best*)
→ **góð**, **betri**, **best**, *bonne*, *meilleure*, *la meilleure*
→ **gott**, **betra**, **best**, neutre

Masc. sing.	forte	faible	faible	forte	faible
nom.	góður	góði	betri	bestur	besti
acc.	góðan	góða	betri	bestan	besta
dat.	góðum	góða	betri	bestum	besta
gén.	góðs	góða	betri	bests	besta
Fém. sing.	forte	faible	faible	forte	faible
nom.	góð	góða	betri	best	besta
acc.	góða	góðu	betri	besta	bestu
dat.	góðri	góðu	betri	bestri	bestu
gén.	góðrar	góðu	betri	bestrar	bestu
Neutre sing.	forte	faible	faible	forte	faible
nom.	gott	góða	betra	best	besta
acc.	gott	góða	betra	best	besta
dat.	góðu	góða	betra	bestu	besta
gén.	góðs	góða	betra	bests	besta

▲CONJUGAISON
LE VERBE AÐ TAKA, PRENDRE

Vous vous souvenez peut-être du verbe **að fá (sér)**, *prendre*, dans la première partie ? Voici le verbe **að taka**, qui est le même que le verbe ***take***, en anglais.

Ég tek	Je prends
Þú tekur	Tu prends
Hann/Hún/Það tekur	Il/Elle/neutre prend
Við tökum	Nous prenons
Þið takið	Vous prenez
Þeir/Þær/Þau taka	Ils/Elles/neutre prennent

Remarquez la contraction à la deuxième personne de la forme interrogative :
Tekur þú? *Tu prends ?* → **Tekurðu?**

Ég tók	J'ai pris
Þú tókst	Tu as pris
Hann/Hún/Það tók	Il/Elle/neutre a pris
Við tókum	Nous avons pris
Þið tókuð	Vous avez pris
Þeir/Þær/Þau tóku	Ils/Elles/neutre ont pris

Pour dire retirer de l'argent on utilise le verbe **að taka**, *prendre*, plus l'adverbe **út**, *dehors* :
Ég þarf að taka út pening, *Je dois retirer de l'argent.*

LE VERBE AÐ SENDA, ENVOYER

Ég sendi	J'envoie
Þú sendir	Tu envoies
Hann/Hún/Það sendir	Il/Elle/neutre envoie
Við sendum	Nous envoyons
Þið sendið	Vous envoyez
Þeir/Þær/Þau senda	Ils/Elles/neutre envoient

Remarquez la contraction à la deuxième personne de la forme interrogative :
Sendir þú? *Tu envoies ?* → **Sendirðu?**

Ég sendi	*J'ai envoyé*
Þú sendir	*Tu as envoyé*
Hann/Hún/Það sendi	*Il/Elle/neutre a envoyé*
Við sendum	*Nous avons envoyé*
Þið senduð	*Vous avez envoyé*
Þeir/Þær/Þau sendu	*Ils/Elles/neutre ont envoyé*

LE VERBE AÐ MUNA, *SE SOUVENIR*

Ég man	*Je me souviens*
Þú manst	*Tu te souviens*
Hann/Hún/Það man	*Il/Elle/neutre se souvient*
Við munum	*Nous nous souvenons*
Þið munið	*Vous vous souvenez*
Þeir/Þær/Þau muna	*Ils/Elles/neutre se souviennent*

Remarquez la contraction à la deuxième personne de la forme interrogative :
Manst þú? *Tu te souviens ?* → **Manstu?**

Ég mundi	*Je me suis souvenu(e)*
Þú mundir	*Tu t'es souvenu(e)*
Hann/Hún/Það mundi	*Il/Elle/neutre s'est souvenu(e)*
Við mundum	*Nous nous sommes souvenu(e)s*
Þið munduð	*Vous vous êtes souvenu(e)s*
Þeir/Þær/Þau mundu	*Ils/Elles/neutre se sont souvenu(e)s*

VOCABULAIRE

að taka út *retirer*
pening ; peningur *argent*
hraðbanki *distributeur de billets* [litt. banque express] (se décline comme banque, voir Comprendre le dialogue)
nærri *près*
banki *banque*
horn(ið), horn(ið), horni(nu), horns(ins) ; horn(in), horn(in), hornu(nu)m, horna(nna) *(l')angle/(le) coin ; (les) angles/coins*
af hverju *pourquoi*
óþægilegt *inconfortable*
reiðufé *liquide (d'argent)*
kortið *(la) carte*
ég man ; að muna *je me souviens ; se souvenir*
lengur ; lengi *plus longtemps ; longtemps*
peningar *argent*
líta út *avoir l'air*
frímerki *timbre*
póstkort *carte postale*
að senda *envoyer*
fáránlegt ; fáránlegur *ridicule* (neutre) ; *ridicule* (masc.)
greiðslukort *carte de paiement*
lága ; lágur *basse* (fém. acc.) ; *bas*
ég kann ; að kunna *je sais (faire) ; savoir (faire)*
tölvupóst ; tölvupóstur *mail* (acc.) ; *mail* (nom.)
fyndinn *drôle*
pósthúsið *(le) bureau de poste*
opið ; opinn *ouvert* (neutre) ; *ouvert* (masc.)
það lokar ; að loka *il ferme ; fermer*
fyrr *plus tôt*
ábyrgðarbréf *lettre recommandée*
í leiðinni *en même temps*

⬢ EXERCICES

1. TRADUISEZ CES PHRASES, EN UTILISANT LA BONNE TRADUCTION DU VERBE *PRENDRE*. **IL Y A QUELQUES POSSIBILITÉS : AÐ FÁ (SÉR), AÐ PANTA, AÐ TAKA, AÐ KAUPA :**

a. Je peux prendre rendez-vous chez le médecin pour toi.

→

b. Bonjour, tu veux prendre un café ?

→

c. J'ai invité des gens pour prendre un gâteau avec moi.

→

d. Tu as réservé une table pour nous au café ?

→

e. Je prends le bus pour Borgarnes.

→

f. Je prends un timbre au bureau de poste.

→

→

2. DICTÉE ! ÉCOUTEZ LE TEXTE, ET TRANSCRIVEZ-LE.

a. ....
b. ....
c. ....
d. ....
e. ....

19.
ALLER À L'HÔPITAL

AÐ FARA Á SPÍTALA

OBJECTIFS	NOTIONS
• PARLER DE QUELQU'UN DE MALADE • LES NOMS DE MÉTIERS • PASSER DES EXAMENS MÉDICAUX	• LA DISPARITION DU SUJET • AÐ VERA BÚIN(N) AÐ • LE VERBE AÐ BATNA, GUÉRIR

SE FAIRE HOSPITALISER

JÓHANN : Tu as eu des nouvelles d'Yngvi, le frère de Birna ?

GUÐRÚN : Non, qu'est-ce qui lui est arrivé ?

JÓHANN : Il est malade. Il a dû aller aux urgences, il avait des douleurs terribles au ventre.

GUÐRÚN : Aïe, le pauvre. Et alors ? On lui a fait une radio ? On lui a trouvé quelque chose ? [litt. Une radio a été prise ? Quelque chose a été trouvé ?]

JÓHANN : Il a été hospitalisé et il doit subir diverses analyses. Ce n'est pas une infection, [c'est] peut-être un virus quelconque.

GUÐRÚN : Moi j'ai de la chance, je suis en bonne santé, à part un rhume ou une grippe de temps en temps.

JÓHANN : Sa mère est médecin, et connaît bien les infirmières dans le service où il se trouve. On va bien s'occuper de lui à l'hôpital.

GUÐRÚN : Oui, j'espère qu'il va guérir vite et bien.

21 — AÐ LEGGJAST INN Á SPÍTALA

JÓHANN: Varstu búin að frétta með hann Yngva, bróðir hennar Birnu?

GUÐRÚN: Nei, hvað kom fyrir hann?

JÓHANN: Hann er veikur. Hann þurfti að fara á bráðamóttökuna, var með svo slæma verki í maganum.

GUÐRÚN: Æ, aumingja hann. Og hvað? Var tekin röntgenmynd? Fannst eitthvað?

JÓHANN: Hann var lagður inn á spítala og þarf að fara í ýmsar rannsóknir. Þetta er ekki sýking, kannski einhver vírus.

GUÐRÚN: Ég er svo heppin, ég er svo hraust, ef frá er talið kvef eða flensa við og við.

JÓHANN: Mamma hans er læknir og þekkir vel hjúkrunarfræðingana á deildinni sem hann liggur á. Það verður vel hugsað um hann á spítalanum.

GUÐRÚN: Já, vonandi batnar honum fljótt og vel.

■ COMPRENDRE LE DIALOGUE

AÐ VERA BÚIN(N) AÐ

Varstu búin að frétta með hann Yngva?, *Tu as eu des nouvelles d'Yngvi ?*
L'adjectif **búinn**, *fini*, est ici utilisé avec le verbe être pour exprimer une action terminée/passée.
Autres exemples d'utilisation :
Nei takk, ég er búin(n) að borða. *Non merci, j'ai déjà mangé.*
Ertu búin(n) að fara til læknis? *Tu es déjà allé(e) chez le docteur ?*

QUOI DE NEUF DOCTEUR ?

À l'hôpital

→ **spítali(nn), spítala(nn), spítala(num), spítala(ns)**, *(l')hôpital* ; **spítalar(nir), spítala(na), spítölu(nu)m, spítala(nna)**, *(les) hôpitaux* (autre mot : **sjúkrahús**)
→ **bráðamóttaka(n), bráðamóttöku(na), bráðamóttöku(nni), bráðamóttöku(nnar)**, *(les) urgences* (singulier en islandais)
→ **sjúkrabíll**, *ambulance*
→ **neyðarlínan 112**, *numéro d'appel d'urgences 112*

→ **læknir**, *médecin*
→ **sérfræðingur**, *spécialiste*
→ **hjúkrunarfræðingur**, *infirmière*
→ **sjúkraliði**, *aide soignant*
→ **sjúkraflutningamaður**, *ambulancier*
→ **slökkviliðsmaður**, *pompier*

Être malade

Je suis malade, **Ég er veikur** (fém. : **Ég er veik**)
Il est malade, **Hann er veikur**, *Elle est malade*, **Hún er veik**, *L'enfant est malade*, **Barnið er veikt**.

→ *guérir*, **að batna**
→ *aller à l'hôpital/aux urgences/chez le médecin*, **að fara á spítala/á bráðamóttökuna/til læknis**
→ *être en bonne/mauvaise santé*, **að vera hraustur/að vera heilsutæpur**
→ *avoir un rhume/la grippe*, **að vera kvefaður/að vera með flensu**

- → *faire des analyses/une radio*, **fara í rannsóknir/fara í röntgenmyndatöku**
- → *(la) pharmacie*, **apótek(ið)**, **apótek(ið)**, **apóteki(nu)**, **apóteks(ins)** ; *(les) pharmacies,* **apótek(in)**, **apótek(in)**, **apóteku(nu)m**, **apóteka(nna)**

LES NOMS DE MÉTIER

La phrase 7 du dialogue mentionne le métier de la mère d'Yngvi et Birna : *médecin*, **læknir**. Les noms de métier suivent souvent la traditionnelle division homme/femme. Comme en France, on tente de faire disparaître la notion de sexisme dans la langue islandaise, mais le vocabulaire a du mal à suivre cette heureuse évolution sociétale. Ainsi, les femmes doivent se contenter de nom de métier masculin dans de nombreuses fonctions. Il y a certes des tentatives de féminisation mais les mots nouveaux ont parfois du mal à trouver leur public, et comme on sait un mot qui n'est pas adopté par les usagers de la langue, n'est pas utilisé, et disparaît vite. L'histoire de la féminisation des métiers est d'autant plus compliquée que les femmes n'ont pas forcément envie de se distinguer des hommes. Les métiers qui finissent par **-maður**, peuvent par exemple facilement finir par **-kona**. Les femmes ont parfois du mal à accepter l'appellation **-kona**, elles estiment que ça souligne la différence, qu'elles veulent justement éviter :

- → **þingmaður**, **þingkona**, *député*,*députée* (on utilise souvent **þingmaður** pour une femme)
- → **flugmaður**, **flugkona**, *pilote* (la version **flugkona** est rarement utilisée)
- → **listamaður**, **listakona**, *artiste*.

Nombre de métiers ont une terminaison en **-herra** (*monsieur*), et il n'a jamais été proposé de terminaison en **-frú** (*madame*). Par exemple, **ráðfrú** au lieu de **ráðherra** (*ministre*) semble ridicule.
Il y a les métiers qui finissent par **-fræðingur**, *spécialiste* :
verkfræðingur, *ingénieur*, **sagnfræðingur**, *historien*, **tölvufræðingur**, *informaticien*.
La terminaison **-ur** est une terminaison masculine. Tous ces métiers sont donc masculins.

hjúkrunarfræðingur, *infirmier*, *infirmière* a une histoire particulière. Jusque dans les années 90 le mot **hjúkrunarkona** [femme qui soigne] était employé pour désigner cette profession, terme féminin donc. Le mot est passé au masculin ensuite. Étrange ? Les terminaisons **-ir** et **-ari** sont aussi des terminaisons masculines, difficiles à adapter au féminin : **læknir**, *médecin*, **bakari**, *boulanger*. Là, tout comme pour les

-ur, il faut se servir de tournures de phrases, s'il importe de souligner le sexe de la personne dont on parle.

Certains se permettent d'utiliser la déclinaison au féminin, malgré un nom de métier masculin, mais ce n'est pas toujours apprécié par les linguistes.

Voici un exemple avec l'adjectif **góður**, *bon*/**góð**, *bonne* :
Læknirinn er góð í frönsku. Litt : *Le médecin est bonne en français* (ce qui veut dire que le médecin (femme) parle bien le français).

Pour ne pas enfreindre les règles grammaticales, on peut par exemple dire : **Læknirinn, sem er kona, er góður í frönsku**. Litt : *Le médecin, qui est une femme, est bon en français (Le médecin, qui est une femme, parle bien le français)*. L'adjectif est alors décliné au masculin, avec le sujet masculin, médecin, mais on sait qu'il s'agit d'une femme.

NOTE CULTURELLE

L'Islande est une île en plein milieu de nulle part, ce qui peut être un atout majeur en ce qui concerne la non prolifération des maladies et contaminations en tout genre des hommes, du bétail, de la terre, etc. La peur des maladies venant de l'extérieur est réelle en Islande, la réglementation au niveau de l'import est par conséquent extrêmement stricte. Personne n'entre sur le territoire avec des chaussures, vêtements, matériels sales, ou qui auraient été en contact avec des animaux. Tout est nettoyé et rendu ensuite aux propriétaires. L'alimentaire est surveillé également. Même si la réglementation s'est assouplie avec l'essor du tourisme, certains produits sont interdits, comme par exemple la viande non cuite, fraîche ou fumée, qui est obligatoirement suivie par un… vétérinaire. Il est difficile de visiter l'Islande pour un animal de compagnie – placé en quarantaine à son arrivée pour vérification. Toutes ces précautions permettent d'éviter les épidémies et virus. Ils n'existent pas en Islande, mais la paranoïa, un peu !

GRAMMAIRE
LA DISPARITION DU SUJET

L'islandais ne reprend pas toujours le sujet dans des phrases qui se suivent, pour éviter la répétition :
Hann þurfti að fara á bráðamóttökuna, var með svo slæma verki í maganum.
Il a dû aller aux urgences, il avait des douleurs terribles au ventre.

Ici, la traduction littérale est : *Il a dû aller aux urgences, avait des douleurs terribles au ventre.* Il est considéré suffisamment clair qu'il s'agit encore de **hann**, *il*.

On retrouve ce phénomène ici :
Hann var lagður inn á spítalann og þarf að fara í ýmsar rannsóknir. Litt. : *Il a été hospitalisé et doit subir diverses analyses.*
Þetta er ekki sýking, kannski einhver vírus. Litt. : *C'est pas une infection, peut-être un virus quelconque.*

AVOIR MAL

Avoir mal quelque part se dit avec la conjugaison impersonnelle du verbe **að vera**, *être* plus l'adverbe **illt**, *mal*. La conjugaison impersonnelle, vous vous souvenez, veut dire que le sujet n'est pas au nominatif, mais au datif :
→ **Mér er illt**, *J'ai mal.*
→ **Mér er illt í maganum**, *J'ai mal au ventre.*
→ **Henni er illt í hendinni**, *Elle a mal au bras.*
→ **Barninu er illt í höfðinu**, *L'enfant a mal à la tête.*

→ **verkur(inn), verk(inn), verk(num), verkjar(ins)** ; *(la) douleur* ; **verkir(nir), verki(na), verkju(nu)m, verkja(nna)**, *(les) douleurs*
→ **Ég er með mikla verki**, *J'ai des douleurs fortes.*
→ **Ég er með sára verki**, *J'ai des douleurs aiguës.*

On peut aussi dire :
Ég er með magaverk, *J'ai mal au ventre.*
Ég er með höfuðverk, *J'ai mal à la tête.*

▲ CONJUGAISON
LE VERBE AÐ BATNA, S'AMÉLIORER, GUÉRIR

Le verbe **að batna** n'est pas souvent utilisé en conjugaison personnelle, où le sujet est nominatif, et il ne signifie alors pas guérir d'une maladie, mais plutôt s'améliorer ou devenir meilleur.
Ex. : **Kjötsúpan batnar þegar saltinu er bætt við.** *Le pot au feu s'améliore quand on ajoute le sel.*

Ég batna	Je m'améliore
Þú batnar	Tu t'améliores
Hann/Hún/Það batnar	Il/Elle/neutre s'améliore
Við bötnum	Nous nous améliorons
Þið batnið	Vous vous améliorez
Þeir/Þær/Þau batna	Ils/Elles/neutre s'améliorent

Remarquez la contraction à la deuxième personne de la forme interrogative :
Batnar þú? *Tu t'améliores ?* → **Batnarðu?**

Ég batnaði	Je me suis amélioré(e)
Þú batnaðir	Tu t'es amélioré(e)
Hann/Hún/Það batnaði	Il/Elle/neutre s'est amélioré(e)
Við bötnuðum	Nous nous sommes amélioré(e)s
Þið bötnuðuð	Vous vous êtes amélioré(e)s
Þeir/Þær/Þau bötnuðu	Ils/Elles/neutre se sont amélioré(e)s

À la conjugaison impersonnelle, le sujet est au datif, et le verbe prend la signification *guérir*. La logique de la conjugaison impersonnelle est que le sujet n'est plus l'acteur de l'action, il est donc en quelque sorte un "faux" sujet.

Mér batnar	Je guéris
Þér batnar	Tu guéris
Honum/Henni/Því batnar	Il/Elle/neutre guérit
Okkur batnar	Nous guérissons
Ykkur batnar	Vous guérissez
Þeim/þeim/Þeim batnar	Ils/Elles/neutre guérissent

Mér batnaði	J'ai guéri
Þér batnaði	Tu as guéri
Honum/Henni/Því batnaði	Il/Elle/neutre a guéri
Okkur batnaði	Nous avons guéri
Ykkur batnaði	Vous avez guéri
Þeim/þeim/Þeim batnaði	Ils/Elles/neutre ont guéri

●VOCABULAIRE

búin ; búinn *finie ; fini*
veikur *malade*
bráðamóttökuna ; bráðamóttakan *les urgences* (acc.) ; *les urgences* (nom.)
slæma ; slæmur *mauvais* (pl. m.) ; *mauvais* (sing. m.)
verki ; verkur *douleurs* (pl. acc.) ; *douleur* (sing. nom.)
magi(nn), maga(nn), maga(num), maga(ns) ; magar(nir), maga(na), mögu(nu)m, maga(nna) *(le) ventre ; (les) ventres*
aumingja ; aumingi *pauvre/misérable* (gén.) ; *pauvre/misérable* (nom.)
röntgenmynd(in), röntgenmynd(ina), röntgenmynd(inni), röntgenmyndar(innar) ; röntgenmyndir(nar), röntgenmyndir(nar), röntgenmyndu(nu)m, röntgenmynda(nna) *(la) radio (image) ; (les) radios*
lagður ; að leggja *allongé ; allonger* (déjà vu : **leggja á borð**)
spítala ; spítali *hôpital* (acc.) ; *hôpital* (nom.)
ýmsar ; ýmis *diverses* (f. pl. acc.) ; *divers* (m. sing. nom.)
rannsóknir ; rannsókn *analyses* (pl. acc.) ; *analyse* (sing. nom.)
sýking(in), sýkingu(na), sýkingu(nni), sýkingar(innar) ; sýkingar(nar), sýkingar(nar), sýkingu(nu)m, sýkinga(nna) *(l') infection ; (les) infections*
vírus(inn), vírus(inn), vírus(num), víruss(ins) ; vírusar(nir), vírusa(na), vírusu(nu)m, vírusa(nna) *(le) virus ; (les) virus*
heppin ; heppinn *chanceuse ; chanceux*
hraust ; hraustur *en bonne santé* (fém.) ; *en bonne santé* (masc.)
ef frá er talið ; að telja *si on ne compte pas ; compter*
kvef(ið), kvef(ið), kvefi(nu), kvefs(ins) *(le) rhume* (sing.)
flensa(n), flensu(na), flensu(nni), flensu(nnar) ; flensur(nar), flensur(nar), flensu(nu)m, flensa(nna) *(la) grippe ; (les) grippes*
við og við *de temps en temps*
hjúkrunarfræðingana ; hjúkrunarfræðingur *les infirmières* (pl. acc.) ; *infirmière* (sing. nom.)
deildinni ; deildin *le service* (dat.) ; *le service* (nom.)
vel hugsað um ; að hugsa um *bien s'occuper de ; s'occuper de* [litt. penser à]
vonandi *avec bon espoir*
batnar honum ; að batna *il guérit ; guérir*
fljótt *vite*

215

●EXERCICES

1. ÉCOUTEZ LES PHRASES ET RÉPÉTEZ À HAUTE VOIX. METTEZ-LES ENSUITE AU PASSÉ :

a. Vonandi batnar Yngva fljótt og vel.

→

b. Yngvi fer í margar rannsóknir.

→

c. Guðrún er ekki búin að frétta af Yngva.

→

d. Þú ert búinn að segja Guðrúnu fréttirnar.

→

e. Við förum á spítalann.

→

2. AJOUTEZ L'ARTICLE DÉFINI AUX NOMS :

a. Sýking .... er slæm. (nominatif)

b. Þú fórst á bráðamóttöku .... (accusatif)

c. Konu .... er illt í maga .... (datif - datif)

d. Barn .... er hraust en pabbi .... er með kvef. (nominatif - nominatif)

e. Talaðir þú við hjúkrunarfræðing .... eða við lækni ....? (accusatif - accusatif)

IV

LES

LOISIRS

20.
LE SPORT
ÍÞRÓTTIR

OBJECTIFS

- PARLER DE SPORT
- DONNER SON AVIS
- UTILISER DES VERBES D'ACTION

NOTIONS

- LES NOMS COMPOSÉS
- LA GLÍMA
- LES VERBES GAGNER ET PERDRE
- LE VERBE COMPRENDRE
- DÉCLINAISONS DE L'ADJECTIF

LES HÉROS DE LA LUTTE !

DÍSA : Le championnat d'Islande de lutte glima aura lieu ce week-end et j'arbitre. Tu veux venir ?

YNGVI : Une compétition de glima ? Pourquoi pas ? Mais je ne suis pas un grand amateur de sport.

DÍSA : La glima est un sport si amusant ! Des hommes et des femmes qui exécutent une sorte de danse en justaucorps.

YNGVI : Oui, la glima c'est plus drôle qu'un match de foot par exemple.

DÍSA : Des joueurs qui courent après un ballon, c'est moins drôle. Je n'ai jamais compris les sports de balles. Sauf le tennis et le tennis de table. Mais notre équipe a bien joué à l'Euro 2016 !

YNGVI : Oui ! Et tous les supporters ont débarqué en France avec leur clapping ! C'est le sport le plus populaire aujourd'hui. Mais je suis d'accord avec toi, je préfère le tennis [litt. je trouve le tennis plus intéressant].

DÍSA : Alors, tu vas venir ? Nous adorons quand les spectateurs sont nombreux.

YNGVI : Je vais voir. Je ne promets rien !

GLÍMUKAPPAR!

DÍSA: Íslandsmótið í glímu verður haldið um helgina og ég verð að dæma. Viltu koma?

YNGVI: Glímumót? Af hverju ekki? En ég er nú ekki mikil íþróttaáhugamanneskja.

DÍSA: Glíman er svo skemmtileg íþrótt. Karlar og konur í nokkurs konar dansi í þröngum búningum.

YNGVI: Já, glíma er fyndnari en fótboltaleikur til dæmis.

DÍSA: Leikmenn hlaupandi á eftir bolta, það er ekki eins fyndið. Ég hef aldrei skilið boltaleiki. Nema tennis og borðtennis. En liðið okkar stóð sig vel á Evrópumeistarmótinu 2016!

YNGVI: Já! Og stuðningsmenn mættu til Frakklands með víkingaklappið! Þetta er vinsælasta íþróttin í dag. En ég er sammála þér, mér finnst tennis áhugaverðara.

DÍSA: Jæja, ætlarðu þá að koma? Okkur finnst svo gaman þegar áhorfendur eru margir.

YNGVI: Ég sé til. Ég lofa engu!

COMPRENDRE LE DIALOGUE POUR LES SPORTIFS !

Vocabulaire

Dans ce dialogue, nous mentionnons quelques sports pratiqués en Islande. Si la glima est le sport national islandais par excellence, les Islandais pratiquent d'autres activités sportives, plus classiques :

boltaíþróttir, *sports de balles*
fótbolti, *football*
tennis, *tennis*
borðtennis, *tennis de table*

að æfa íþróttir, *pratiquer/faire du sport*
Ég æfi borðtennis, en bróðir minn æfir fótbolta. *Je pratique le tennis de table, mais mon frère pratique le football.*

að keppa, *concourir*
að taka þátt í keppni, *participer à une compétition*
að standa sig vel/illa, *avoir de bons/mauvais résultats*
að sigra, *gagner* ≠ **að tapa**, *perdre*
mót(ið), mót(ið), móti(nu), móts(ins), *(le) championnat* ; **mót(in), mót(in), mótu(nu)m, móta(nna)**, *(les) championnats*
leikmaður(inn), leikmann(inn), leikmanni(num), leikmanns(ins), *(le) joueur* ; **leikmenn(irnir), leikmenn(ina), leikmönnu(nu)m, leikmanna(nna)**, *(les) joueurs*
stuðningsmenn, *supporters* (se décline comme **leikmaður**)
keppandi, *concurrent*
lið, *équipe*
dómari, *arbitre* – **að dæma**, *arbitrer*
úrslit, *résultat*

Notez le verbe **að dæma**, qu'utilise Dísa : **Ég verð að dæma**, *J'arbitrerai.*
Le nom **dæmi**, *exemple*, qu'on voit plus tard dans le dialogue, ressemble beaucoup à ce verbe, mais vous voyez que la signification n'est pas la même. Le substantif pour *arbitrage/jugement* est **dómur**.

Le clapping

Le clapping devenu célèbre lors de l'Euro 2016 est un type d'applaudissement particulier (la répétition de frappe avec les mains en l'air sur un rythme crescendo), utilisé fréquemment dans les événements sportifs.

víkingaklapp(ið), **víkingaklapp(ið)**, **klappi(nu)**, **klapps(ins)**, *le clapping* (pas de plur.) [litt. le clap viking]

DONNER SON AVIS – AÐ GEFA ALIT SITT

Quelques tournures de phrase pour s'exprimer sur les centres d'intérêt, l'envie de faire quelque chose, etc.
- **af hverju ekki**, *pourquoi pas*
- **Ég lofa engu**, *Je ne promets rien*
- **áhugi**, *interêt*
- **að hafa áhuga á einhverju**, *être intéressé par quelque chose*
- **Ég hef engan sérstakan áhuga á…**, *Je ne suis pas tellement intéressé par* [litt. je n'ai pas un intérêt spécial pour]…
- **Ég hef mikinn áhuga á**, *J'aime beaucoup* [litt. j'ai un grand intérêt pour]
- **Ég er sammála þér**, *Je suis d'accord avec toi.*

NOTE CULTURELLE

La *glima* est le sport le plus ancien pratiqué en Islande. C'est un sport de lutte, traditionnel, d'origine viking. Au 10e et 11e siècles, plusieurs sports étaient populaires sur l'île : la *nage*, **sund**, différents types de jeux de balle et différentes formes de lutte. La glima est une pratique sportive, difficile à décrire. Elle commence par un salut, continue avec un jeu de sept prises connues et se termine par un autre salut, après qu'un des joueurs a réussi à causer une **bylta**, une *dégringolade*, à l'adversaire. Les sept prises sont les seuls moyens valables pour faire chuter l'adversaire. Ce sport demande de l'équilibre, de l'agilité, de la rapidité et de la précision. Les joueurs se déplacent en sautillant d'où le rapprochement avec la danse.
Le mot **glíma** et le verbe **að glíma** peuvent être utilisés en islandais comme en français, au sens figuré. **Hún glímir við veikindin**, *Elle lutte avec la maladie.*

◆ GRAMMAIRE
LES NOMS COMPOSÉS

L'islandais est en grande partie constitué de mots composés. En plus d'un radical, il y a des suffixes, des préfixes, des articles, etc. Il serait bien trop ambitieux de rentrer dans les détails, ce qui nous intéresse ici, c'est la possibilité de fabriquer des mots en compilant plusieurs mots ensemble. Nous en avons déjà vu beaucoup.
- **Íslandsmót**, *championnat d'Islande* → **Ísland** + **mót**
- **glímukappi**, *héros de lutte* → **glíma** + **kappi**

- → **glímumót**, *championnat de lutte* → **glíma** + **mót**
- → **íþróttaáhugamanneskja**, *personne intéressée par le sport* → **íþróttir** + **áhugi** + **manneskja**
- → **fótboltaleikur**, *match de football* → **fótbolti** + **leikur** (ou **fótur** + **bolti** + **leikur**)
- → **boltaleikur**, *jeu de balles* → **bolti** + **leikur**
- → **borðtennis**, *tennis de table* → **borð** + **tennis**
- → **fótbolti**, *football* → **fótur** + **bolti**

Il existe trois types de composition :
1. Le radical de la première partie s'accroche directement à la deuxième partie.
Ex. : **eldhús**, *cuisine* : **eld-** est le radical du mot **eldur**, *feu* + **hús**, *maison* ; **handbolti**, *handball* : **hand-** est le radical du génitif (**handar**) du mot **hönd**, *main*, au nominatif.
2. Le génitif de la première partie s'attache à la dernière partie.
Ex. : **Íslandsmót**, *championnat d'Islande*
íþróttaáhugamanneskja, *[une personne] amateur de sport*.
Ces mots peuvent souvent être traduits avec l'article partitif, comme **glímukappi**, *héros de lutte*.
3. Une lettre de connexion s'ajoute entre les mots (**i**, **a**, **u** ou **s**). C'est le cas le plus rare.
Ex. : **mánudagur**, **máni** + **dagur** ; le radical **mán** + **u** + **dagur**
En général, l'information la plus importante du mot composé est placée en suffixe. Pour traduire en français, on est donc souvent obligé de faire une petite gymnastique et de remettre les mots dans le bon ordre : **boltaleikur**, *balles* + *jeu* = *jeu de balles*.

Regardons un mot composé ultra long fréquemment donné en exemple :
Vaðlaheiðarvegavinnuverkfærageymsluskúraútidyralyklakippuhringur.
Vaðlaheiði, *le plateau de Vadlaheidi* + **vegur**, *route* + **vinna**, *travaux* + **verkfæri**, *outil* + **geymsla**, *débarras* + **skúr**, *cabane* + **úti**, *dehors* + **dyr**, *porte* + **lykill**, *clé* + **kippa**, *fagot* + **hringur**, *anneau*.
Même si toutes les compositions sont au génitif, on donne ici la forme de chaque composant au nominatif ou dans la forme du dictionnaire.
La traduction est totalement inversée : *l'anneau du porte-clé de la porte extérieure de la cabane de stockage des outils des travaux routiers du plateau de Vadlaheidi*.

RAPPEL, L'ADJECTIF SE DÉCLINE SELON LE GENRE DU SUJET

Notez la déclinaison de l'adjectif **mikill, mikil, mikið**, *grand*, *grande*, neutre, dans cette phrase :

Ég er nú ekki mikil íþróttaáhugamanneskja, *Je ne suis pas un grand amateur de sport.*

Nous savons qu'Yngvi est un homme, mais, comme le mot **manneskja**, *être humain*, est un mot féminin, l'adjectif se décline au féminin. Un rapprochement est à faire avec les noms de métier, que l'on a vus dans le chapitre 19. Et c'est pareil en français : *Napoléon n'était pas une grande personnalité* est une phrase grammaticalement correcte, même si elle n'est pas totalement vraie.

▲ CONJUGAISON
VERBES D'ACTIONS

- → **að hlaupa**, *courir*
- → **að dæma**, *arbitrer*
- → **að spila/að leika**, *jouer*

Et profitons de ce dialogue pour voir les verbes **að vinna**, *gagner* et **að tapa**, *perdre*. Reconnaissez-vous le verbe **að vinna** ? Il a déjà été vu dans le chapitre 3, dans le sens de *travailler*. Au besoin, référez-vous à ce chapitre pour revoir le temps présent, ci-après le verbe **að vinna** au passé :

Ég vann	J'ai gagné
Þú vannst	Tu as gagné
Hann/Hún/Það vann	Il/Elle/neutre a gagné
Við unnum	Nous avons gagné
Þið unnuð	Vous avez gagné
Þeir/Þær/Þau unnu	Ils/Elles/neutre ont gagné

Remarquez la différence entre **að villast í óbyggðum**, *se perdre dans la montagne*, **að tapa leik**, *perdre un match* ou **að týna veskinu sínu**, *perdre son portefeuille*.

Ég tapa	Je perds
Þú tapar	Tu perds
Hann/Hún/Það tapar	Il/Elle/neutre perd
Við töpum	Nous perdons
Þið tapið	Vous perdez
Þeir/Þær/Þau tapa	Ils/Elles/neutre perdent

Remarquez la contraction à la deuxième personne de la forme interrogative :
Tapar þú? *Tu perds ?* → **Taparðu?**

Ég tapaði	J'ai perdu
Þú tapaðir	Tu as perdu
Hann/Hún/Það tapaði	Il/Elle/neutre a perdu
Við töpuðum	Nous avons perdu
Þið töpuðuð	Vous avez perdu
Þeir/Þær/Þau töpuðu	Ils/Elles/neutre ont perdu

LE VERBE AÐ SKILJA, *COMPRENDRE*

Ég skil	Je comprends
Þú skilur	Tu comprends
Hann/Hún/Það skilur	Il/Elle/neutre comprend
Við skiljum	Nous comprenons
Þið skiljið	Vous comprenez
Þeir/Þær/Þau skilja	Ils/Elles/neutre comprennent

Remarquez la contraction à la deuxième personne de la forme interrogative :
Skilur þú? *Tu comprends ?* → **Skilurðu?**

Ég skildi	J'ai compris
Þú skildir	Tu as compris
Hann/Hún/Það skildi	Il/Elle/neutre a compris
Við skildum	Nous avons compris
Þið skilduð	Vous avez compris
Þeir/Þær/Þau skildu	Ils/Elles/neutre ont compris

●VOCABULAIRE

glíma(n), glímu(na), glímu(nni), glímu(nnar) ; glímur(nar), glímur(nar), glímu(nu)m, glíma(nna) *(la) lutte ; (les) luttes*

glímumót(ið), mót(ið), móti(nu), móts(ins) ; mót(in), mót(in), mótu(nu)m, móta(nna) *(la) compétition de lutte ; (les) compétitions*

af hverju ekki *pourquoi pas*

íþrótt(in), íþrótt(ina), íþrótt(inni), íþróttar(innar) ; íþróttir(nar), íþróttir(nar), íþróttu(nu)m, íþrótta(nna) *(le) sport ; (les) sports*

karl(inn), karl(inn), karli(num), karls(ins) ; karlar(nir), karla(na), körlu(nu)m, karla(nna) *(l')homme ; (les) hommes*

kona(n), konu(na), konu(nni), konu(nnar) ; konur(nar), konur(nar), konu(nu)m, kvenna(nna) *(la) femme ; (les) femmes*

nokkurs konar *une sorte de*

dans(inn), dans(inn), dansi(num), dans(ins) ; dansar(nir), dansa(na), dönsu(nu)m, dansa(nna) *(la) danse ; (les) danses*

þröngum ; þröngur *serrés (m. dat. pl.) ; serré (m. nom. sing.)*

búningur(inn), búning(inn), búningi(num), búnings(ins) ; búningar(nir), búninga(na), búningu(nu)m, búninga(nna) *(la) tenue ; (les) tenues*

fótboltaleikur(inn), leik(inn), leik(num), leiks(ins) ; leikir(nir), leiki(na), leikju(nu)m, leikja(nna) *(le) jeu/match de football ; (les) jeux/matches*

til dæmis *par exemple*

dæmi(ð), dæmi(ð), dæmi(nu), dæmis(ins) ; dæmi(n), dæmi(n), dæmu(nu)m, dæma(nna) *(l') exemple ; (les) exemples*

hlaupandi ; að hlaupa *en courant ; courir*

bolti(nn), bolta(nn), bolta(num), bolta(ns) ; boltar(nir), bolta(na), boltu(nu)m, bolta(nna) *(le) ballon ; (les) ballons*

skilið ; að skilja *compris ; comprendre*

lið(ið), lið(ið), liði(nu), liðs(ins) ; lið(in), lið(in), liðu(nu)m, liða(nna) *(l')équipe ; (les) équipes*

stóð ; að standa *a tenu debout ; être debout*

Evrópumeistaramótinu *championnat d'Europe (se décline comme* **Glímumót***)*

mættu ; að mæta *se sont pointés ; se pointer*

vinsælasta ; vinsæll *le plus populaire ; populaire*

sammála *d'accord*

áhugaverðara ; áhugaverður *plus intéressant ; intéressant*

áhorfandi(nn), áhorfanda(nn), áhorfanda(num), áhorfanda(ns) ; áhorfendur(nir), áhorfendur(na), áhorfendu(nu)m, áhorfenda(nna) *(le) spectateur ; (les) spectateurs*

margir *nombreux*

engu ; enginn *rien (neutre, dat. sing.) ; personne/aucun (masc. nom. sing.)*

◆EXERCICES

1. VOICI DES NOMS COMPOSÉS VUS DANS DES CHAPITRES ANTÉRIEURS. DÉCOMPOSEZ CHAQUE MOT, TRADUISEZ CHAQUE PARTIE ET DITES DE QUEL TYPE DE COMPOSITION IL S'AGIT (RADICAL, GÉNITIF OU LETTRE DE CONNEXION) :

a. eldhúsgólfið → ....

b. borðstofuborðið → ....

c. hafragrautur → ....

d. morgunverður → ....

e. hrossabjúgu → ....

f. fimmtudagskvöld → ....

g. læknisvottorð → ....

h. bílskúr → ....

2. ÉCOUTEZ CES PHRASES ET LISEZ-LES À HAUTE VOIX. METTEZ-LES ENSUITE AU COMPARATIF 3ᴱ DEGRÉ, COMME MONTRÉ DANS LE PREMIER EXEMPLE :

a. Glíma er fyndin íþrótt. → Glíma er fyndnasta íþróttin.

La glima est un sport drôle. → La glima est le sport le plus drôle.

b. Fótbolti er vinsæl íþrótt. →..

Le football est un sport populaire. → Le football est le sport le plus populaire.

c. Dísa er góður dómari. →..

Dísa est un bon arbitre. → Dísa est le meilleur arbitre.

d. Að dæma glímu er skemmtileg vinna. →..

Arbitrer la glima est un travail amusant. → Arbitrer la glima est le travail le plus amusant.

e. Yngvi er hress strákur. →..

Yngvi est un garçon qui a la pêche [garçon fringant]. → Yngvi est le garçon qui a le plus la pêche.

f. Þetta er fallegur garður. →..

C'est un beau jardin. → C'est le plus beau jardin.

21.
RANDONNÉE
FJALLGÖNGUR

OBJECTIFS

- FAIRE UNE NOUVELLE ACTIVITÉ
- DÉCOUVRIR L'UNIVERS DE LA RANDONNÉE
- DÉSIGNER LES DIFFÉRENTES PARTIES DU CORPS
- S'INSCRIRE À UNE PRATIQUE SPORTIVE

NOTIONS

- LES CONJONCTIONS
- UNE FOIS, DEUX FOIS, …
- LE VERBE CROIRE
- LE VERBE (SE) CASSER
- STRAX

MARCHONS, MARCHONS

GUÐRÚN : Je me suis inscrite dans un groupe de randonnées. On va faire des randonnées deux fois par mois.

JÓHANN : Génial, maman ! Au Danemark il n'y a pas cette possibilité, parce qu'il manque les montagnes !

GUÐRÚN : Oui, j'espère seulement que je ne me casserai pas une jambe ou un bras dès ma première randonnée.

JÓHANN : Non, non, tu es en bonne forme et tu fais attention dans la rocaille. Je m'inquiète plus pour l'équipement. Tu as une bonne veste ?

GUÐRÚN : Non, mais je vais emprunter un bon pantalon de randonnée et un coupe-vent à une amie à moi. Et je vais acheter des chaussures de marche hautes.

JÓHANN : Et fais attention à ne pas te perdre. Tu peux alors trouver un refuge… mais les elfes peuvent être dangereux s'ils prennent peur.

GUÐRÚN : Alors, tu crois aux elfes ?

JÓHANN : Je pense bien, oui. Qui ne croît pas aux elfes ?

GÖNGUM, GÖNGUM

GUÐRÚN: Ég var að skrá mig í gönguhóp. Við ætlum að fara í fjallgöngu tvisvar sinnum í mánuði.

JÓHANN: Frábært mamma. Þetta er ekki hægt í Danmörku af því að það vantar fjöllin!

GUÐRÚN: Já, ég vona bara að ég fótbrjóti mig ekki eða handleggsbrjóti strax í fyrstu gönguferðinni!

JÓHANN: Nei, nei, þú ert í góðu formi og ferð bara varlega í grjótinu. Ég hef meiri áhyggjur af útbúnaðinum. Áttu nógu góðan jakka?

GUÐRÚN: Nei, en ég fæ lánaðar góðar göngubuxur og vindjakka hjá vinkonu minni. Ég kaupi mér uppháa gönguskó.

JÓHANN: Og passaðu þig á að villast ekki. Þú getur þá fundið neyðarskýli ... en álfarnir geta verið hættulegir ef þeir verða hræddir.

GUÐRÚN: Trúir þú sem sagt á álfa?

JÓHANN: Ég held það, já. Hver trúir ekki á álfa?

■ COMPRENDRE LE DIALOGUE
QUAND LA MONTAGNE NOUS GAGNE !

Le paysage islandais offre une multitude de promenades possibles. C'est une des activités les plus populaires sur l'île : à pied, à vélo, à cheval… arpenter le relief islandais est fantastique – seulement faut-il être bien équipé ! Le Danemark est effectivement un pays relativement plat, plus connu pour ses nombreuses îles que pour ses points culminants.

- → **fjallganga**, *randonnée*
- → **jökulganga**, *randonnée sur glacier*
- → **fjall**, *montagne*
- → **grjót**, *rocaille*

L'équipement, búnaður

Il est important d'être paré pour la randonnée, le temps en Islande n'est pas toujours clément.

- → **gönguföt**, *vêtements de randonnée*
- → **göngubuxur**, *pantalon de randonnée*
- → **gönguskór**, *chaussures de randonnée*
- → **göngusokkar**, *chaussettes de randonnée*
- → **vindjakki**, *coupe-vent* ; **vindbuxur**, *pantalon coupe-vent*
- → **regnföt**, *vêtements imperméables*
- → **húfa**, *bonnet*
- → **trefill**, *écharpe*
- → **vettlingar**, *moufles*
- → **sólgleraugu**, *lunettes de soleil*

Attention !

La nature islandaise peut s'avérer dangereuse, c'est pourquoi il faut éviter de sortir des chemins balisés, et de nombreux refuges sont installés pour accueillir et porter secours. Deux types de refuges cohabitent : les refuges d'urgence (simple abris précaires) et les refuges plus équipés et plus confortables, qui accueillent les randonneurs en leur proposant le gîte et le couvert (chalet). Dans les refuges-chalet, il y a en général un journal de bord pour noter la route et la durée prévue des randonnées, pour pouvoir porter secours en cas de besoin.

- → **að villast**, *se perdre*
- → **neyðarskýli**, *refuge*
- → **Passaðu þig!/Varaðu þig!** *Fais attention !*
- → **Farðu varlega**, *Va doucement/Fais attention* ; **Ég fer varlega**, *Je fais attention.*

- → **hættulegt**, *dangereux*
- → **að vera hræddur**, *avoir peur* ; **hræðsla**, *peur*

LES PARTIES DU CORPS

Le dialogue présente quelques parties du corps :
- → **fótur(inn)**, **fót(inn)**, **fæti(num)**, **fótar(ins)**, *(le) pied/(la) jambe*
- → **handleggur(inn)**, **handlegg(inn)**, **handlegg(num)**, **handleggjar(ins)**, *(le) bras*

Pour aller plus loin :
- → **höfuð(ið)**, **höfuð(ið)**, **höfði(nu)**, **höfuðs(ins)**, *(la) tête*
- → **hönd(in)**, **hönd(ina)**, **hend(inni)**, **handar(innar)**, *(la) main*
- → **ökkli(nn)**, **ökkla(nn)**, **ökkla(num)**, **ökkla(ns)**, *(la) cheville*

Les risques du métier !
að fótbrjóta sig, *se casser la jambe* ; **fótbrot**, *jambe cassée*
að handleggsbrjóta sig, *se casser le bras* ; **handleggsbrot**, *bras cassé*
að misstíga sig, *faire un faux pas*
að snúa sig á ökkla, *se fouler la cheville*

IL ÉTAIT UNE FOIS

Pour dire combien de fois, de un à trois fois, on a recours à un adverbe + le nom neutre **sinn**, *fois*, au datif. **Sinn** est toutefois optionnel, sauf pour une fois :
einu sinni, *une fois* ; **tvisvar (sinnum)**, *deux fois* ; **þrisvar (sinnum)**, *trois fois*.
Pour *quatre fois*, on utilise le datif neutre du nombre quatre : **fjórum sinnum**.
Ensuite les nombres sont invariables :
fimm sinnum, *cinq fois*, **sex sinnum**, *six fois*, etc.

Il faut bien évidemment utiliser cette forme pour les nombres qui finissent par un, deux, trois et quatre :
tuttugu og einu sinni, *vingt-et-une fois*, **þrjátíu og tvisvar sinnum**, *trente-deux fois* ; **fjörutíu og þrisvar sinnum**, *quarante-trois fois*, **fimmtíu og fjórum sinnum**, *cinquante-quatre fois*.

STRAX-*TOUT DE SUITE* !

Un mot très utile à connaître, facile à dire et très islandais… Vouloir agir **strax**, *tout de suite*.

Gerðu þetta, núna strax! *Fais-ça, maintenant tout de suite !*
Já, ég vona bara að ég fótbrjóti mig ekki eða handleggsbrjóti strax í fyrstu gönguferðinni! *Oui, j'espère seulement que je ne me casserai pas une jambe ou un bras dès ma première randonnée.*

NOTE CULTURELLE

Elfes

Cette créature légendaire, de la mythologie nordique qui perdure dans le folklore scandinave tient ses origines des esprits de la nature et de la fertilité. Ils sont souvent décrits en Islande comme des êtres très beaux, vivants dans la nature, généralement dans des rochers.

En Islande, les *elfes*, **álfar**, sont aussi appelés **huldufólk**, *gens cachés*. Avant on les distinguait l'un de l'autre, mais dans le folklore islandais il n'y a aujourd'hui plus de différence.

Il existe de nombreuses légendes sur les elfes : ils peuvent être très cruels – s'ils estiment qu'on leur fait du tort ; si on les aide au contraire, on est généreusement récompensé. C'est donc toujours très important de respecter ces petits êtres et les lieux qu'ils sont censés fréquenter. Ainsi, certaines routes contournent des *rochers*, **álfasteina** – connus pour abriter des elfes – et dans les fermes ou les maisons d'été, les enfants savent où (sur le terrain) il vaut mieux ne pas trop faire de bêtises !

◆ GRAMMAIRE
LES DIFFÉRENTES CONJONCTIONS

L'islandais est moins riche que le français en connecteurs, mots-charnières marqueurs de relation, tels que « mais, où, et, donc, or, ni, car ». Néanmoins, voici une liste non-exhaustive de conjonctions islandaises :

Conjonctions de coordination

→ **en**, *mais, or.* Ex. : **Ég bý í Borgarnesi, en vinn í Reykjavík.** *Je vis à Borgarnes, mais je travaille à Reykjavik.*

→ **eða**, *ou (bien).* Ex. : **Viltu kaffi eða te?** *Tu veux du café, ou du thé ?*

→ **og**, *et.* Ex. : **Jóhann og Birna hittast á kaffihúsi.** *Jóhann et Birna se rencontrent dans un café.*

Randonnée

- **því (að)**, *car, parce que*. Ex. : **Konan er glöð, því hún á afmæli.** *La femme est joyeuse car c'est son anniversaire.*
- **enda**, *car*. Ex. : **Hann er glaður, enda búinn í vinnunni.** *Il est joyeux, car il a fini le travail.*
- **af því að**, *parce que*. Ex. : **Yngvi þekkir Dísu af því að þau vinna saman.** *Yngvi connaît Dísa parce qu'ils travaillent ensemble.*
- **hvorki ... né**, *ni ... ni*. Ex. : **Guðrún vill hvorki hafragraut né bjúgu.** *Guðrún ne veut ni porridge, ni saucisse.*

Conjonctions de subordination

- **að**, *que*. Ex. : **Birna segir að veðrið sé gott.** *Birna dit qu'il fait beau.*
- **hvort**, *si* (interrogatif). Ex. : **Jóhann spyr hvort Guðrún eigi vindjakka.** *Jóhann demande si Gudrun a un coupe-vent.*
- **ef**, *si* (conditionnel). Ex. : **Ég fer út ef veðrið er gott.** *Je sors s'il fait beau.*
- **sem**, *qui, que, lequel*. Ex. : **Þetta er fótboltinn sem ég keypti.** *C'est le ballon de foot que j'ai acheté.*
- **eins og**, *comme*. Ex. : **Þú ert sterk, eins og pabbi þinn.** *Tu es forte, comme ton père.*
- **þar sem**, *puisque*. Ex. : **Yngvi þekkir Dísu þar sem þau vinna saman.** *Yngvi connaît Dísa puisqu'ils travaillent ensemble.*
- **þegar**, *quand, lorsque*. Ex. : **Jóhann kemur til Íslands þegar jólin nálgast.** *Jóhann vient en Islande, quand Noël approche.*
- **til þess að**, *pour (que)*. Ex. : **Guðrún kaupir skó til þess að nota í fjallgöngur.** *Guðrún achète des chaussures pour les randonnées.*

▲ CONJUGAISON
LE VERBE AÐ TRÚA, CROIRE

Attention, dans le sens *croire [sincèrement] en quelque chose*, le verbe islandais serait **að trúa einhverju/á eitthvað**, *croire quelque chose/en quelque chose*.
Si on dit : **Ég held að álfar séu til**, on dit penser que les elfes existent mais le doute y est. *Je crois aux elfes* se dirait **Ég trúi á álfa**.
Nous avons les deux verbes dans ce texte, **að halda**, *tenir/penser que* et **að trúa**, *croire*. Voici la conjugaison du verbe **að trúa** :

Ég trúi	Je crois
Þú trúir	Tu crois
Hann/Hún/Það trúir	Il/Elle/neutre croit
Við trúum	Nous croyons
Þið trúið	Vous croyez
Þeir/Þær/Þau trúa	Ils/Elles/neutre croient

Remarquez la contraction à la deuxième personne de la forme interrogative :
Trúir þú? *Tu crois ?* → **Trúirðu?**

Ég trúði	J'ai cru
Þú trúðir	Tu as cru
Hann/Hún/Það trúði	Il/Elle/neutre a cru
Við trúðum	Nous avons cru
Þið trúðuð	Vous avez cru
Þeir/Þær/Þau trúðu	Ils/Elles/neutre ont cru

LE VERBE AÐ BRJÓTA, *(SE) CASSER*

Ég brýt	Je (me) casse
Þú brýtur	Tu (te) casses
Hann/Hún/Það brýtur	Il/Elle/neutre (se) casse
Við brjótum	Nous (nous) cassons
Þið brjótið	Vous (vous) cassez
Þeir/Þær/Þau brjóta	Ils/Elles/neutre (se) cassent

Remarquez la contraction à la deuxième personne de la forme interrogative :
Brýtur þú? *Tu casses ?* → **Brýturðu?**

Ég braut	J'ai cassé / Je me suis cassé
Þú braust	Tu as cassé / Tu t'es cassé
Hann/Hún/Það braut	Il/Elle/neutre a cassé / Il s'est cassé
Við brutum	Nous avons cassé / Nous nous sommes cassés
Þið brutuð	Vous avez cassé / Vous vous êtes cassés
Þeir/Þær/Þau brutu	Ils/Elles/neutre ont cassé / Ils se sont cassés

●VOCABULAIRE

að skrá mig m'inscrire
gönguhóp club de randonnée
fjallganga(n), fjallgöngu(na),
  -göngu(nni), -göngu(nnar) ;
  -göngur(nar), -göngur(nar),
  -göngu(nu)m, -ganga(nna) (la)
  randonnée ; (les) randonnées
hægt faisable
vantar manque ; manquer
fjall(ið), fjall(ið), fjall(inu),
  fjalls(ins) ; fjöll(in), fjöll(in),
  fjöllu(nu)m, fjalla(nna) (la)
  montagne ; (les) montagnes
að passa faire attention
að fóbrjóta/ handleggsbrjóta
  casser la jambe/ le bras
strax tout de suite
gönguferð(in), gönguferð(ina),
  gönguferð(inni),
  gönguferðar(innar) ;
  gönguferðir(nar),
  gönguferðir(nar),
  gönguferðu(nu)m,
  gönguferða(nna) (la) promenade ;
  (les) promenades
form(ið), form(ið), formi(nu),
  forms(ins) (la) forme (pas de pl.)
varlega avec attention, doucement
grjót(ið), grjót(ið), grjóti(nu),
  grjóts(ins) (la) rocaille (pas de pl.)
áhyggjur(nar), áhyggjur(nar),
  áhyggju(nu)m, áhyggja(nna) (les)
  inquiétudes (pas de sing.)
útbúnaður(inn), útbúnað(inn),
  útbúnaði(num), útbúnaðar(ins)
  (l')équipement (pas de pl.)
nógu suffisamment
jakka veste
göngubuxur pantalon de randonnée
  (pas de sing.)
vinkona(n), vinkonu(na),
  vinkonu(nni), vinkonu(nnar) ;
  vinkonur(nar), vinkonur(nar),
  vinkonu(nu)m, vinkvenna(nna)
  (l')amie ; (les) amies
upphár ; uppháa haut (m. sing. nom. ;
  hauts (m. plur. acc.)
gönguskór(nir), gönguskó(na),
  gönguskó(nu)m,
  gönguskóa(nna) chaussures de
  randonnée
að villast se perdre
neyðarskýli(ð), neyðarskýli(ð),
  neyðarskýli(nu),
  neyðarskýlis(ins) ;
  neyðarskýli(n), neyðarskýli(n),
  neyðarskýlu(nu)m,
  neyðarskýla(nna) (le) refuge ; (les)
  refuges
álfur(inn), álf(inn), álfi(num), álfs(ins) ;
  áfar(nir), álfa(na), álfu(nu)m,
  álfa(nna) (l')elfe ; (les) elfes
hættulegir ; hættulegur dangereux (m.
  nom. pl.) ; dangereux (m. nom. sing.)
trúir þú ; að trúa tu crois ; croire
sem sagt donc
ég held ; að halda je pense bien ;
  bien penser

⬢ EXERCICES

1. ÉCOUTEZ LES PHRASES ET RÉPÉTEZ-LES. CRÉEZ UNE QUESTION AVEC NÉGATION À PARTIR DE LA PHRASE, COMME L'EXEMPLE LE MONTRE :

a. Ég trúi á álfa. → Hver trúir ekki á álfa ?
   Je crois aux elfes. → Qui ne croit pas aux elfes ?

b. Ég er með góðan útbúnað. → ....
   J'ai un bon équipement. → Qui n'a pas un bon équipement ?

c. Birna er í góðu formi. → ....
   Birna est en bonne forme. → Qui n'est pas en bonne forme ?

d. Dísa æfir glímu. → ....
   Dísa pratique la glima. → Qui ne pratique pas la glima ?

e. Yngvi horfir á glímukeppnina. → ....
   Yngvi regarde la compétition de glima. → Qui ne regarde pas la compétition de glima ?

f. Guðrún fer varlega í grjótinu. → ....
   Guðrún fait attention dans la rocaille. → Qui ne fait pas attention dans la rocaille ?

2. LIEZ LES PHRASES AVEC LA CONJONCTION DE COORDINATION ADÉQUATE :

a. Þetta er hjólið. Ég keypti það. → Þetta er hjólið **sem** ég keypti.
   C'est le vélo. Je l'ai acheté. → C'est le vélo que j'ai acheté.

b. Jóhann er glaður. Guðrún skráði sig í gönguhóp. → ....
   Jóhann est content. Guðrún s'est inscrite à un groupe de randonnées. → Jóhann est content parce que Guðrún s'est inscrite à un groupe de randonnée.

c. Ég hef ekki áhuga á íþróttum. Ég hef ekki heldur áhuga á söng. → ....
   Je n'aime pas le sport. Je n'aime pas non plus le chant. → Je n'aime ni le sport, ni le chant.

d. Barninu er illt. Það handleggsbraut sig. → ....
   L'enfant a mal. Il s'est cassé le bras. → L'enfant a mal parce qu'il s'est cassé le bras.

e. Ég er sterkur. Ég borða fisk á hverjum degi. →
   Je suis fort. Je mange du poisson tous les jours. → Je suis fort car je mange du poisson tous les jours.

f. Birna er nemi. Birna vinnur á Veðurstofunni. → ....
   Birna est étudiante. Birna travaille à Météo Islande. → Birna est étudiante mais elle travaille à Météo Islande.

22.
À BICYCLETTE

Á HJÓLI

OBJECTIFS	**NOTIONS**
- PARLER DU TEMPS - PROPOSER UNE ACTIVITÉ - FAIRE DU VÉLO / DU STOP	- LE PARTICIPE PRÉSENT - TIL - LA MÉTÉO / LE CLIMAT - LA DÉCLINAISON DE L'ARTICLE

TU VIENS FAIRE UNE BALADE À VÉLO ?

JÓHANN : Tu as un vélo, Birna ?

BIRNA : Oui, mais je ne l'utilise pas assez souvent.

JÓHANN : Au Danemark on fait du vélo partout. [Litt. : Au Danemark on va partout en roulant à vélo.]

BIRNA : Le temps en Islande est bien sûr plus difficile. C'est agréable de rentrer dans une voiture chaude un matin glacial d'hiver.

JÓHANN : Oui, mais il fait si beau en ce moment. On fait une balade à vélo demain ?

BIRNA : Oui, je suis partante. Mais je ne veux pas faire de routes de montagne.

JÓHANN : Non, non, on peut aller vers le fjord Hvalfjörður, c'est une route facile.

BIRNA : Tu sais réparer un pneu crevé ? Moi, je ne le sais pas !

JÓHANN : Oui, oui. Mais on peut faire du stop en rentrant.

BIRNA : Oui, ou Yngvi peut venir nous chercher en voiture, si on a des problèmes. [Litt. Yngvi peut venir nous chercher en conduisant…]

VILTU KOMA Í HJÓLATÚR?

JÓHANN: Áttu hjól, Birna?

BIRNA: Já, ég á hjól en ég nota það ekki nógu oft.

JÓHANN: Í Danmörku fer maður hjólandi hvert sem er.

BIRNA: Veðurfarið hér á Íslandi er auðvitað erfiðara. Það er gott að fara í heitan bíl á ísköldum vetrarmorgni.

JÓHANN: Já, en veðrið er svo gott núna. Eigum við að fara í hjólatúr á morgun?

BIRNA: Já, ég er til í það. En ég vil ekki fara neinar fjallaleiðir.

JÓHANN: Nei, nei, við getum hjólað inn í Hvalfjörðinn, það er auðveld leið.

BIRNA: Kanntu að gera við sprungið dekk? Ég kann það ekki!

JÓHANN: Já, já. En við getum farið á puttanum heim.

BIRNA: Já, eða Yngvi getur komið keyrandi og sótt okkur, ef við lendum í vandræðum.

■ COMPRENDRE LE DIALOGUE
LA TÊTE DANS LE GUIDON !

Les différents types de vélos
- → **hjól/reiðhjól**, *vélo*
- → **fjallahjól**, *V.T.T.*
- → **barnahjól**, *vélo d'enfant*

Sprungið dekk – *pneu crevé*

Il n'est pas évident de définir le mot **sprungið**, *crevé* : soit il s'agit du participe passé du verbe **að springa**, *crever/exploser,* soit d'un adjectif formé à partir de ce verbe. Dans tous les cas, si c'est un verbe, il peut être décliné comme un adjectif :
masculin : **sprunginn, sprunginn, sprungnum, sprungins** ;
féminin : **sprungin, sprungna, sprunginni, sprunginnar** ;
neutre : **sprungið, sprungið, sprungnu, sprungins**.

FAIRE DU STOP

Pour faire du stop, on dit **að fara á puttanum**, qui veut dire littéralement : « aller sur le doigt ». C'est tout simplement la description du pouce en l'air, pour faire arrêter les voitures passantes. Il existe aussi une autre expression, inspirée de l'anglais : **að húkka sér far**, *se faire ramener en « hookant »* [litt. : en se servant de son crochet]. Voyager **á puttanum**, *en autostop*, en Islande, peut s'avérer risqué. On ne peut pas se fier à une circulation constante – en dehors des routes principales, on peut attendre quelques heures avant de voir passer un véhicule – et les Islandais n'ont pas vraiment l'habitude de ce style de voyage, ils ont donc parfois du mal à accepter de partager leur trajet en voiture avec des inconnus.

LES ROUTES DE MONTAGNE

Les routes en Islande ne sont pas forcément praticables. Certaines ne sont ouvertes que tardivement dans l'année et très peu de temps (entre juin et septembre). Birna a raison de s'en méfier, il est assez hasardeux de partir à l'aventure, et qui plus est à vélo ! Mais attention, pas de hors-piste pour autant, la nature islandaise est à la fois fragile et dangereuse, l'activité volcanique façonne des paysages mouvementés. En Islande, il ne faut pas sortir des sentiers battus.

NOTE CULTURELLE

Si vous n'aimez pas le temps qu'il fait, attendez quelques minutes !
La météo est un sujet d'importance dans une conversation. Chez les Islandais aussi, le temps est au centre des préoccupations. De nombreuses expressions tournent autour du caractère changeant de la météo. Il n'y fait pas aussi froid qu'on le dit, mais les températures dépassent rarement les 15°C l'été, et descendent jusqu'à -10 l'hiver mais le plus souvent stagnent aux alentours de 0. Ce sont les deux saisons principales, les saisons intermédiaires se faisant discrètes. Le climat est océanique, il est donc recommandé de ne jamais quitter son imperméable ! La pluie et le vent réservent quelques surprises et bon nombre de touristes se font avoir en ouvrant leur parapluie sur cette île où la pluie est accompagnée de vents forts. Rien de tel qu'un bon *ciré de marin*, **sjóstakkur**, il protège mieux qu'un parapluie retourné !

veðurfar, *climat*
veður, *le temps* (dehors)
snjór, *neige*

veðurspá, *prévisions météo*
vindur, *vent*
gott veður, *beau temps*

rigning, *pluie*
sól, *soleil*
vont veður, *mauvais temps*

◆ GRAMMAIRE
LE PETIT MOT « TIL »

Já, ég er til í það. *Oui, je suis partante.*
L'adverbe ou la préposition **til**, *vers*, est utilisé dans diverses locutions figées. Ici on voit donc la locution **að vera til í eitthvað**, *être partant(e) pour quelque chose*. Autres exemples :
að vera til (tout court), *exister*
til að/til þess að, *afin que* (conjonction de subordination) – vu au chapitre 21.
til dæmis, *par exemple* (connecteur logique)
þangað til/þar til, *jusqu'à* (conjonction de subordination).

PARTICIPE PRÉSENT

Le participe présent est très simple à reconnaître : il finit toujours par **-andi**.
að hjóla, *faire du vélo* → **hjólandi**, *faisant du/étant à vélo*
að geta, *pouvoir* → **getandi**, *pouvant*
að vilja, *vouloir* → **viljandi**, *voulant*
Malgré la ressemblance avec le participe présent français, on ne l'utilise pas toujours de la même manière. *Un homme parlant français*, ne se traduit donc pas forcément par **Maður talandi frönsku**. On dit plutôt **Maður sem talar frönsku**, *Un homme qui parle le français*.

LA DÉCLINAISON DE L'ARTICLE

Pour rappel, l'article défini se place à la fin du nom et indique le genre et le nombre. Si le nom se termine par une voyelle, la voyelle de l'article disparaît. Quand s'ajoute un suffixe qui commence par une voyelle à des radicaux dissyllabiques qui ont une voyelle inaccentuée, cette dernière disparaît. Regardez par exemple le mot **veð-ur**, *temps* : mot dissyllabique. Quand on ajoute l'article défini neutre (**-ið**, **-inu**, **-in**, **-unum**, **-anna**) la voyelle inaccentuée de la deuxième syllabe, disparaît.
Remarque : ce n'est pas le cas au génitif du singulier. La voyelle est maintenue.

	singulier	singulier, défini	pluriel	pluriel, défini
nom.	veður	veðrið	veður	veðrin
acc.	veður	veðrið	veður	veðrin
dat.	veðri	veðrinu	veðrum	veðrunum
gén.	veðurs	veðursins	veðra	veðranna

▲ CONJUGAISON
LE VERBE AÐ HJÓLA, *FAIRE DU VÉLO*

Ég hjóla	Je fais du vélo
Þú hjólar	Tu fais du vélo
Hann/Hún/Það hjólar	Il/Elle/neutre fait du vélo
Við hjólum	Nous faisons du vélo
Þið hjólið	Vous faites du vélo
Þeir/Þær/Þau hjóla	Ils/Elles/neutre font du vélo

Remarquez la contraction à la deuxième personne de la forme interrogative :
Hjólar þú? *Tu fais du vélo ?* → **Hjólarðu?**

Ég hjólaði	J'ai fait du vélo
Þú hjólaðir	Tu as fait du vélo
Hann/Hún/Það hjólaði	Il/Elle/neutre a fait du vélo
Við hjóluðum	Nous avons fait du vélo
Þið hjóluðuð	Vous avez fait du vélo
Þeir/Þær/Þau hjóluðu	Ils/Elles/neutre ont fait du vélo

●VOCABULAIRE

hjólatúr, hjólatúr**, hjólatúr, hjólatúrs ; hjólatúrar, hjólatúra, hjólatúrum,
hjólatúra** *balade à vélo ; balades à vélo*
hjól, hjól**, hjóli, hjóls ; hjól, hjól, hjólum, hjóla** *vélo ; vélos*
nógu ; nóg *suffisamment ; suffisant*
hjólandi ; að hjóla *en faisant du vélo ; faire du vélo*
veðurfar(ið), veðurfar(ið), veðurfari(nu), veðurfars(ins) *(le) climat, (les) conditions climatiques* (pas de pl.)
erfiðara ; erfiður *plus difficile ; difficile*
ísköldum ; ískaldur *froid glacial* (masc. dat. sing.) *; froid glacial* (masc. nom. sing.)
veður **(veðrið), veður (veðrið), veðri(nu), veðurs(ins),** *le temps* (climatique)
neinar ; neinn *aucunes* (fém. pl.) *; aucun*
**fjallaleið(in), fjallaleið(ina), fjallaleið(inni), fjallaleiðar(innar) ;
fjallaleiðir(nar),** fjallaleiðir **(nar), fjallaleiðu(nu)m, fjallaleiða(nna)** *(la) route de montagne ; (les) routes de montagne*
auðveld ; auðveldur *facile* (fém.) *; facile* (masc.)
kanntu ; að kunna *tu sais ; savoir (faire)*
að gera við *réparer* (locution figée)
sprungið ; að springa *crevé (explosé) ; crever (exploser)*
dekk(ið), dekk**(ið), dekki(nu), dekks(ins) ; dekk(in), dekk(in),
dekkju(nu)m, dekkja(nna)** *(le) pneu ; (les) pneus*
lendum ; að lenda *atterrissons ; atterrir*
við lendum í ; að lenda í einhverju *il nous arrive ; il nous arrive quelque chose* [litt. nous atterrissons dedans]
vandræði(n), vandræði(n), vandræðu **(nu)** m**, vandræða(nna)** *(les) problèmes* (n'existe pas au sing.)
húkkað ; að húkka *fait du stop ; faire du stop*
far ; að húkka sér far *être transporté* (indique un mouvement) **: að fá far**, *être ramené ; se faire ramener par l'autostop*
keyrandi ; að keyra *conduisant ; conduire*

⬢ EXERCICES

1. REMPLISSEZ LE TABLEAU DE DÉCLINAISONS FORTES POUR LES ADJECTIFS ERFIÐUR, *DIFFICILE* **ET AUÐVELDUR,** *FACILE*. **POUR VOUS AIDER, NOUS VOUS DONNONS GÓÐUR,** *BON*, **EN EXEMPLE :**

góður, *bon*	**góð,** *bonne*	**gott,** neutre
góður	góð	gott
góðan	góða	gott
góðum	góðri	góðu
góðs	góðrar	góðs

erfiður, difficile (masc.)	**erfið,** difficile (fém.)	**erfitt,** neutre
erfiðan		
	erfiðrar	erfiðs

auðveldur, facile (masc.)	**auðveld,** facile (fém.)	**auðvelt,** neutre

🔊 **2. ÉCOUTEZ LES PHRASES ET RÉPÉTEZ-LES. TENTEZ ENSUITE DE LES RETRANSCRIRE :**

24

a. ....

b. ....

c. ....

d. ....

23. LA PÊCHE

AÐ VEIÐA

OBJECTIFS

- DISCOURIR SUR LA NATURE ET LES ANIMAUX SAUVAGES
- DÉCOUVRIR LA FAUNE
- DÉSIGNER UN GROUPE DE PERSONNES

NOTIONS

- ÊTRE VÉGÉTARIEN
- LE MOT SEM
- LE VERBE AÐ VEIÐA, PÊCHER/CHASSER
- LE VERBE AÐ BÍTA, MORDRE

MORDRE À L'HAMEÇON !

<u>DÍSA</u> : Mes parents font une expédition de pêche ce week-end avec des amis qui ont un permis de pêche dans une rivière à saumons près de Húsavík. J'ai envie d'y aller avec eux, mais je dois travailler.

<u>YNGVI</u> : Vas-y ! Moi je n'aime pas pêcher le poisson. Je suis allé en mer une fois sur le bateau de mon oncle. J'ai eu le mal de mer… et j'ai vomi sur mon oncle !

<u>DÍSA</u> : Hahaha ! Moi j'ai souvent été pêcher au bord du lac près de la maison d'été de mes grands-parents. Je sais bien lancer l'hameçon, mais je parle beaucoup et les pêcheurs n'aiment pas ça !

<u>YNGVI</u> : Mon grand-père était chasseur de renards et chassait parfois les rennes. Nous ne sommes jamais allés avec lui, mon père et moi. Je n'aime pas du tout la chasse d'animaux.

<u>DÍSA</u> : Tu n'aimes rien ! Mais… tu n'es pas végétarien ? Tu manges et de la viande et du poisson !

<u>YNGVI</u> : Aïe, oui je sais…

AÐ BÍTA Á ÖNGULINN!

DÍSA: Foreldrar mínir eru að fara í veiðitúr um helgina með vinum sem eiga veiðileyfi í laxveiðiá rétt hjá Húsavík. Mig langar að fara með, en ég verð að vinna.

YNGVI: Farðu bara! Mér finnst ekki gaman að veiða fisk. Ég fór einu sinni á sjó með frænda mínum sem á bát. Ég varð sjóveikur... og ég kastaði upp á frænda minn!

DÍSA: Hahaha! Ég hef oft farið að veiða í stöðuvatninu hjá sumarbústað ömmu og afa. Ég kann alveg að kasta önglinum út, en ég tala mikið og veiðimenn eru ekki hrifnir af því!

YNGVI: Afi minn var refaskytta og veiddi stundum hreindýr. Við fórum aldrei með honum, við pabbi. Mér finnst ekki gaman að veiða nein dýr.

DÍSA: Þér finnst ekkert skemmtilegt! En... ekki ertu grænmetisæta? Þú borðar bæði kjöt og fisk!

YNGVI: Æ, já, ég veit það...

COMPRENDRE LE DIALOGUE
LA FAMILLE - BIS

Nous avons déjà évoqué les membres de la famille dans les premiers chapitres, mais ce dialogue revient sur la notion de parents et grands-parents.
En islandais, pour désigner **mömmu og pabba**, *maman et papa*, on peut dire **foreldrar**, *parents*.
Mais pour les *grands-parents*, il n'existe pas de mot spécifique, il faut dire **amma og afi**, soit *grand-mère et grand-père*.

Mon père et moi
Notez la manière de dire mon père et moi en islandais : on prend le pronom personnel à la 1re personne du pluriel, **við**, *nous* + **pabbi**, *père* = **við pabbi**.

ÊTRE VÉGÉTARIEN

En Islande, comme pratiquement partout ailleurs, il y a des gens qui optent pour un régime végétarien ou végétalien, pour des raisons politiques ou pour lutter contre des problèmes de santé, comme des *allergies*, **ofnæmi**. Les Islandais sont en général plutôt ouverts et acceptent facilement ce choix. Il est intéressant de constater que les Islandais n'ont pas trouvé de traduction pour désigner les végétaliens, on utilise donc le terme anglais, **vegan**.
grænmetisæta, *un végétarien*
vegan, *végétalien*

CHASSE ET PÊCHE

Le seul mammifère terrestre qu'on peut chasser pour manger est le *renne*, **hreindýr**. Ils vivent uniquement dans l'est de l'Islande, sur les plateaux près des fjords. La chasse est extrêmement régularisée : chaque année un petit nombre de **veiðimenn**, *chasseurs* obtient le permis, par un tirage au sort. La viande est donc plutôt réservée aux familles de ces chasseurs, on la trouve rarement dans le commerce.
Les **refir**, *renards*, sont aussi chassés, sans but alimentaire mais pour régulariser le nombre de renards présents sur le territoire. Des chasseurs sont payés par l'État pour limiter l'effectif, car les renards attaquent les oies sauvages et les moutons libres en été, et sont donc considérés comme des **meindýr**, *animaux nuisibles*.

Au printemps, le **lax**, *saumon*, remonte les rivières pour la reproduction. Malgré le fait qu'il ne se nourrit pas pendant cette période, il ne résiste pas aux **önglar**, *hameçons*, et aux mouches des nombreux pêcheurs qui se ruent pour acheter les **veiðileyfi**, *permis*, parfois très onéreux dans les grandes rivières aux saumons. La pêche à la truite, dans les nombreux lacs, est moins chère et plus familiale, comme l'indique Dísa dans notre dialogue. Beaucoup de familles ont un permis à l'année, qui est valable un peu partout en Islande pendant la période de pêche d'avril à octobre.

En dehors des expéditions de loisirs pour pêcher à la ligne, la pêche en mer est une véritable industrie et fut pendant longtemps la principale ressource de l'Islande. Chaque village vivait de cette activité : à chaque port son usine. Depuis quelques années les bateaux sont devenus des usines flottantes, tout se fait à bord et le poisson ne touche jamais terre, la production est transportée directement vers les marchés internationaux. Bien sûr il existe encore des usines de poisson en Islande, mais la plupart sont installées près des grandes agglomérations comme par exemple Reykjavik et Akureyri, les plus petites ont disparu.

NOTE CULTURELLE

La faune

L'isolement et le climat font que la faune islandaise n'est pas très variée. Chaque printemps les oiseaux migrateurs font la joie des habitants, annonciateurs d'un temps plus clément. Pour en nommer quelques-uns : la **lóa**, le *pluvier doré* et la **kría**, la *sterne arctique* en sont les stars. La première pour la beauté de son chant ; la deuxième pour son comportement coriace quand il s'agit de protéger ses petits, et pour la distance qu'elle effectue chaque année, car elle arrive du pôle Sud ! Le **spói**, le *courlis corlieu* a aussi ses admirateurs, pour son bec long et fin, et ses pattes hautes. La **gæs**, l'*oie*, part en Écosse pour l'hiver mais revient au printemps pour la reproduction. On chasse les oies et certains *canards*, **endur** (sing. **önd**) qui habitent l'Islande à l'année – pour la plupart d'entre eux.

Parmi les autres oiseaux sédentaires, le **lundi**, le *macareux moine* est célèbre – malgré lui –, il est devenu un symbole de l'Islande aux yeux des touristes. Pour preuve, l'appellation des *magasins de souvenirs* par les Islandais : **lundabúðir** [litt. magasins de macareux]. Le **lundi** se mange, mais il devient de plus en plus rare, et sa chasse est dorénavant limitée.

GRAMMAIRE
LE MOT SEM

La conjonction **sem** peut avoir une fonction pronominale comme le pronom relatif, qui : **vinum sem eiga veiðileyfi**, *des amis qui ont un permis de pêche* ; **frænda sem á bát**, *un oncle qui a un bateau.*

Il peut avoir plusieurs traductions et souvent il fait partie de locutions figées, voici quelques exemples qu'on a vus précédemment :
Ég er að vinna hér í sumar sem kaffiþjónn, *Je travaille ici cet été comme barista.*
Trúir þú sem sagt á álfa, *Alors, tu crois aux elfes ?*
Í Danmörku fer maður hjólandi hvert sem er, *Au Danemark on fait du vélo n'importe où.*
Il est souvent utilisé pour comparer :
Hann er hvítur sem snjór, *Il est blanc comme neige.*

DÉSIGNER UN GROUPE DE PERSONNES

Les pronoms personnels pluriels s'emploient pour désigner un groupe de personnes.
Við s'utilise pour marquer la familiarité.
Ainsi, Jóhann peut dire : **Við hittumst á kaffihúsi, við Birna**. *Nous nous sommes rencontrés dans un café, Birna et moi.*
Et, pour une tierce personne, vous pouvez avoir recours au pronom personnel à la 3e personne du pluriel neutre, **þau**, et dire : **Þau hittust á kaffihúsi, þau Jóhann og Birna**. *Ils se sont rencontrés dans un café, Jóhann et Birna.*
þau, pronom personnel neutre au pluriel, sert à désigner un groupe de personnes ou d'objets de genres différents.

Poser une question à un groupe d'individus
Pour poser une question à une personne faisant partie d'un groupe, l'utilisation du pronom personnel à la 2e personne du pluriel est requise :
– Question générale :
Hvar hittust þið? *Où vous êtes-vous rencontrés ?*
– Question pour Jóhann :
Hvar hittust þið Birna? *Où vous êtes-vous rencontrés, Birna et toi ?*
– Question pour Birna :
Hvar hittust þið Jóhann? *Où vous êtes-vous rencontrés, Jóhann et toi ?*

Poser une question dont la réponse est non

Notez comment Dísa pose sa question lorsqu'elle connaît déjà la réponse, et qu'elle sait la réponse négative. Elle commence par la négation, **ekki** :

Ekki ertu grænmetisæta? *Tu n'es pas végétarien ?*

Cette même forme de question peut aussi souligner la surprise, l'improbabilité, quand on réalise un fait.

Exemple :

Ekki eru Jóhann og Birna kærustupar? *Jóhann et Birna ne sont pas en couple, dis-donc ?*

▲ CONJUGAISON

AVOIR ENVIE - RAPPEL

Il est temps de revoir le verbe, **að langa**, mentionné dans le chapitre 5 (Grammaire). Il se conjugue uniquement à l'impersonnel, avec le sujet à l'accusatif :

mig langar, *j'ai envie*, **þig langar**, *tu as envie*, **hann/hana/það langar**, *il/elle/neutre a envie*, **okkur langar**, *nous avons envie*, **ykkur langar**, *vous avez envie*, **þá/þær/þau langar**, *ils/elles/neutre ont envie*.

Exemple tiré du dialogue :

Mig langar að fara með, en ég verð að vinna. *J'ai envie d'y aller avec eux, mais je dois travailler.*

LE VERBE AÐ VEIÐA, *PÊCHER* ET *CHASSER*

En islandais, il y a un seul verbe pour *pêcher* et *chasser* : **að veiða**.

Ég veiði	Je pêche/chasse
Þú veiðir	Tu pêches/chasses
Hann/Hún/Það veiðir	Il/Elle/neutre pêche/chasse
Við veiðum	Nous pêchons/chassons
Þið veiðið	Vous pêchez/chassez
Þeir/þær/Þau veiða	Ils/Elles/neutre pêchent/chassent

Remarquez la contraction à la deuxième personne de la forme interrogative :

Veiðir þú? *Tu pêches/chasses ?* → **Veiðirðu?**

Ég veiddi	J'ai pêché/chassé
Þú veiddir	Tu as pêché/chassé
Hann/Hún/Það veiddi	Il/Elle/neutre a pêché/chassé
Við veiddum	Nous avons pêché/chassé
Þið vidduð	Vous avez pêché/chassé
Þeir/þær/Þau veiddu	Ils/Elles/neutre ont pêché/chassé

LE VERBE AÐ BÍTA, *MORDRE*

Ég bít	Je mords
Þú bítur	Tu mords
Hann/Hún/Það bítur	Il/Elle/neutre mord
Við bítum	Nous mordons
Þið bítið	Vous mordez
Þeir/þær/Þau bíta	Ils/Elles/neutre mordent

Remarquez la contraction à la deuxième personne de la forme interrogative :
Bítur þú? *Tu mords ?* → **Bíturðu?**

Ég beit	J'ai mordu
Þú beist	Tu as mordu
Hann/Hún/Það beit	Il/Elle/neutre a mordu
Við bitum	Nous avons mordu
Þið bituð	Vous avez mordu
Þeir/þær/Þau bitu	Ils/Elles/neutre ont mordu

Pour dire *va te faire foutre*, on peut dire **bíttu í þig!** [litt. mords-toi !]

●VOCABULAIRE

að bíta *mordre*
öngullinn, öngul(inn), öngli(num), önguls(ins) ; önglar(nir), öngla(na), önglu(nu)m, öngla(nna) *(l')hameçon ; (les) hameçons*
foreldri(ð), foreldri(ð), foreldri(nu), foreldris(ins) ; foreldrar(nir), foreldra(na), foreldru(nu)m, foreldra(nna) *(le) parent ; (les) parents*
veiðiferð(in), -ferð(ina), -ferð(inni), -ferðar(innar) ; veiðiferðir(nar), -ferðir(nar), -ferðu(nu)m, -ferða(nna) *(l')expédition de pêche ; (les) expéditions de pêche*
veiðileyfi(ð), -leyfi(ð), -leyfi(nu), -leyfis(ins) ; veiðileyfi(n), -leyfi(n), leyfu(nu)m, leyfa(nna) *(le) permis de pêche ; (les) permis de pêche*
laxveiðiá(in), -á(na), -á(nni), ár(innar) ; laxveiðiár(nar), -ár(nar), -á(nu)m, -á(nn)a *(la) rivière aux saumons ; (les) rivières aux saumons*
rétt hjá *tout près de*
að veiða *pêcher/chasser*
sjór(inn), sjó(inn), sjó(num), sjós(ins) *(la) mer* (uniquement au sing.)
sjóveikur *mal de mer* [adjectif en islandais : *malade de mer*]
ég kastaði upp ; að kasta upp *j'ai vomi ; vomir*
stöðuvatn(ið), stöðuvatn(ið), stöðuvatn(inu), stöðuvatns(ins) ; stöðuvötn(in), -vötn(in), -vötnu(nu)m, -vatna(nna) *(le) lac ; (les) lacs*
alveg *totalement*
að kasta *lancer*
veiðimenn *pêcheurs/chasseurs* (pl. se décline comme **maður**)
refaskytta(n), -skyttu(na), skyttu(nni), skyttu(nnar) ; refaskyttur(nar), refaskyttur(nar), refaskyttu(nu)m, refaskytta(nna) *(le) chasseur de renard ; (les) chasseurs de renard*
hreindýr(ið), -dýr(ið), -dýri(nu), -dýrs(ins) ; hreindýr(in), -dýr(in), dýru(nu)m, dýra(nna) *(le) renne ; (les) rennes*
grænmetisæta(n), -ætu(na), ætu(nni), ætu(nnar) ; grænmetisætur(nar), -ætur(nar), ætu(nu)m, æta(nna) *(le) végétarien ; (les) végétariens*
bæði ... og *et ... et (les deux)*

⬢EXERCICES

1. VOICI UN PETIT TEXTE À TROUS : AIDEZ-VOUS DE LA TRADUCTION FRANÇAISE POUR COMPLÉTER LES PHRASES PUIS ECOUTEZ L'ENREGISTREMENT POUR VERIFIEZ VOS REPONSES.

a. J'aime **pêcher** mais je n'aime pas **chasser** les rennes.

   Mér finnst gaman að .... fisk, en mér finnst ekki skemmtilegt að .... hreindýr.

b. Mes **parents** habitent près du lac, et mes **grands-parents** à Reykjavik.

   .... mínir búa nálægt stöðuvatni og .... búa í Reykjavík.

c. Les **renards** mangent les moutons et les oies sauvages.

   .... borða kindur og villtar gæsir.

d. Les **rennes** ne vivent pas seulement au **Pôle Nord**.

   .... lifa ekki eingöngu á ....

e. **J'adore le saumon !** (au sens d'aimer le manger)

   ....

2. CONJUGUEZ LE VERBE *AVOIR ENVIE* AU PASSÉ :

....	J'ai eu envie
....	Tu as eu envie
....	Il/elle/neutre a eu envie
....	Nous avons eu envie
....	Vous avez eu envie
....	Ils/elles/neutre ont eu envie

24.
À LA FERME

Í SVEITINNI

OBJECTIFS	NOTIONS

- **DÉCOUVRIR LA VIE À LA FERME**
- **L'ACTIVITÉ VOLCANIQUE EN ISLANDE**
- **SAVOIR RECONNAÎTRE LE CRI DES ANIMAUX**

- **LA TRANSHUMANCE**
- **LES ANIMAUX ET LEURS ONOMATOPÉES**
- **LES AURORES BORÉALES**
- **LE VERBE VIVRE**

FERME AU PIED DU VOLCAN

BIRGIR : Tu vas à la transhumance cet automne ?

DÍSA : Oui, ma cousine est fermière à la vallée Þjórsárdalur, nous y allons tous les ans, en famille.

BIRGIR : Ta cousine se souvient alors bien de l'éruption d'Eyjafjallajokull ?

DÍSA : Oui, tu peux le dire. Les cendres ont recouvert leurs terres. Les vaches et les veaux ont survécu mais quelques moutons avec leurs agneaux sont morts.

BIRGIR : Ouf, oui c'était terrible à suivre. J'espère qu'il n'y aura plus jamais une éruption pareille.

DÍSA : Oui je l'espère aussi ! Malheureusement, on attend une éruption de Katla, suivie de catastrophes naturelles désastreuses. Ce sera apparemment une éruption historique.

BIRGIR : Il ne faut pas y penser… Pensons plutôt à la grande fête de la transhumance ! Avec un peu de chance, on verra notre première aurore boréale de l'année !

BÓNDABÆR UNDIR ELDFJALLI

BIRGIR: Ferð þú í réttir í haust?

DÍSA: Já, frænka mín er bóndi í Þjórsárdalnum, við förum á hverju ári, fjölskyldan.

BIRGIR: Frænka þín man þá vel eftir eldgosinu í Eyjafjallajökli?

DÍSA: Já, það má nú segja. Askan lagðist yfir jörðina þeirra. Kýr og kálfar lifðu það af en nokkrar kindur og lömb drápust.

BIRGIR: Úff, já, það var hræðilegt að fylgjast með þessu. Ég vona að það gjósi aldrei svona aftur.

DÍSA: Já, það vona ég líka. Því miður má búast við Kötlugosi með hræðilegum náttúruhamförum. Það verður víst sögulegt gos.

BIRGIR: Við skulum ekki hugsa um það... Hugsum frekar um fjörið í réttunum! Ef við erum heppin, sjáum við fyrstu norðurljós ársins!

COMPRENDRE LE DIALOGUE
LE FERMIER EST UNE FEMME – RAPPEL SUR LES NOMS DE MÉTIER

Notez qu'en islandais, on utilise le nom de métier masculin, **bóndi**, *fermier*, pour une femme. De plus en plus de couples à la campagne soulignent qu'ils sont tous les deux professionnels, et les femmes ne veulent pas être appelées « la femme du fermier » ni utiliser l'appellation **bóndakona**, *femme-fermier*, qu'on a pu entendre par le passé.

L'ACTIVITÉ VOLCANIQUE

L'activité volcanique marque la vie des Islandais. Les tremblements de terre sont fréquents, surtout sur la fameuse faille, entre les deux plaques tectoniques Europe et Amérique. Cette zone coupe l'île en deux, du nord au sud, sur une large bande. Toute construction en Islande est conçue en prévision d'éventuels tremblements de terre, mais il est plus difficile de se prémunir contre les éruptions avec leurs coulées de laves parfois impressionnantes, des projections de cendres et l'émission de gaz naturels. L'activité volcanique est suivie de près, et chaque région a son plan d'évacuation. Heureusement, il n'y a pas eu d'accidents mortels depuis longtemps. *L'éruption des îles Vestmann*, **Vestmannaeyjagosið**, en 1973 aurait pu avoir des conséquences catastrophiques mais les habitants de l'île Heimaey ont pu s'échapper de justesse sur les bateaux de pêche, avant que la lave ne recouvre la moitié du village. Katla est un des plus imposants volcans d'Islande, d'où l'inquiétude de Dísa. D'autres volcans restent à ce jour bien actifs : Hekla, Askja, Laki, Eyjafjallajökull – pour n'en nommer que quelques-uns.

Vocabulaire

- → **eldfjall**, *volcan*
- → **gígur**, *cratère*
- → **aska**, *cendres*
- → **hraun**, *lave*
- → **eldgos**, *éruption*
- → **hver**, *geyser*

LA TRANSHUMANCE

La transhumance est une migration périodique de tout ou une partie du bétail de la montagne vers la plaine. Les **kindur**, *moutons* restent dans les fermes pendant l'hiver. Les brebis mettent bas au printemps. On soigne ceux qui ont eu des difficultés… si un agneau se retrouve orphelin, il devient un **heimalningur**, *agneau élevé à la maison*. Les autres partent dans la montagne à environ un mois d'âge avec leurs congénères pour brouter le lichen et autres plantes. À l'automne il faut les faire revenir à la ferme, c'est la période des **réttir**, la *transhumance*.

Les **gangnamenn** atteignent la montagne à cheval, pour récupérer les moutons les plus aventureux. C'est parfois une expédition de plusieurs jours, et traditionnellement effectuée par des hommes. Il n'y a pas de réelle traduction française pour désigner ces « cowboys islandais », **gangnamenn** !

Quand tous les moutons ont été capturés, ils sont rassemblés dans les **réttir**, *rassemblement*, un grand enclos commun, avec des compartiments pour chaque ferme. Venir chercher les moutons se fait toujours le week-end, généralement en famille. Beaucoup de gens y participent, même ceux partis vivre en ville reviennent pour aider et vivre ce moment unique de fête et de retrouvailles.

LES ANIMAUX DE LA FERME

→ **kýr**, *vaches*
→ **kálfar**, *veaux*
→ **kindur**, *moutons*
→ **hænur**, *poules*
→ **kettir**, *chats*
→ **svín**, *cochons*
→ **refir**, *renards*

Le **cheval**, *hesturinn*, fut longtemps un brave compagnon de voyage. Aujourd'hui il est surtout apprécié pour les loisirs. Il est connu pour son allure unique : le **tölt**.

NOTE CULTURELLE

Les aurores boréales

Un des plus gros attraits touristiques de l'Islande est le phénomène des *aurores boréales*, **norðurljósin**, qu'on peut admirer avec un peu de chance entre septembre et mai. Comme toutes les manifestations naturelles, elles sont imprévisibles, mais un temps clément, un ciel dégagé et une jolie nuit noire sont les paramètres propices à de belles aurores boréales.

◆ GRAMMAIRE
LES ONOMATOPÉES : QUE DISENT LES ANIMAUX ?

Chaque langue définit des propres codes de langage, notamment pour imiter le cri des animaux. Voici les sons en islandais de quelques animaux – sous réserve de variations possibles selon certaines régions et leurs usages :

animal	verbe	cri
kindin, *le mouton*	**jarmar**, *bêle*	**me** *bêêê*
kýrin, *la vache*	**baular**, *meugle*	**mö/mu** *meuh*
hesturinn, *le cheval*	**hneggjar**, *hennit*	**hohoho/íhíhí** *hiiii*
hænan, *la poule*	**gaggar**, *caquette*	**gagg**, *cot-cot*
haninn, *le coq*	**galar**, *chante*	**gaggalagú**, *cocorico*
kötturinn, *le chat*	**mjálmar**, *miaule*	**mjá**, *miaou*
hundurinn, *le chien*	**geltir**, *aboie*	**voff**, *ouaf*

▲ CONJUGAISON
LE VERBE AÐ LIFA, *VIVRE*

Ég lifi	Je vis
Þú lifir	Tu vis
Hann/Hún/Það lifir	Il/Elle/neutre vit
Við lifum	Nous vivons
Þið lifið	Vous vivez
Þeir/Þær/Þau lifa	Ils/Elles/neutre vivent

Remarquez la contraction à la deuxième personne de la forme interrogative :
Lifir þú? *Tu vis ?* → **Lifirðu?**

Ég lifði	J'ai vécu
Þú lifðir	Tu as vécu
Hann/Hún/Það lifði	Il/Elle/neutre a vécu
Við lifðum	Nous avons vécu
Þið lifðuð	Vous avez vécu
Þeir/Þær/Þau lifðu	Ils/Elles/neutre ont vécu

Pour dire survivre, on utilise le verbe **að lifa**, *vivre* + la préposition **af** : **Kýr og kálfar lifðu það af.** *Les vaches et les veaux ont survécu.*
að lifa, *vivre*, **lífið**, *la vie* ; **að lifa af**, *survivre*
À l'inverse, il existe les verbes **að deyja**, *mourir* (pour les êtres humains), **að drepast**, *mourir* (pour les animaux). Souvenez-vous que pour dire *Je vis au Danemark*, on utilise le verbe **að búa**, *habiter* : **Ég bý í Danmörku.**

●VOCABULAIRE

bóndabær(inn), bóndabæ(inn), bóndabæ(num), bóndabæjar(ins) ; bóndabæir(nir), bóndabæi(na), bóndabæju(nu)m, bóndabæja(nna) *(la) ferme ; (les) fermes*

undir *sous*

eldfjall(ið), eldfjall(ið), eldfjalli(nu), eldfjalls(ins) ; eldfjöll(in), -fjöll(in), -fjöllu(nu)m, fjalla(nna) *(le) volcan ; (les) volcans*

réttir(nar), réttir(nar), réttu(nu)m, rétta(nna) *(la) transhumance* (pl. seulement)

eldgos(ið), eldgos(ið), -gosi(nu), -goss(ins) ; eldgos(in), -gos(in), -gosu(nu)m, -gosa(nna) *(l')éruption ; (les) éruptions*

aska(n), ösku(na), ösku(nni), ösku(nnar) *(la) cendre* (pas de pl.)

jörð(in), jörð(ina), jörðu(nni), jarðar(innar) ; jarðir(nar), jarðir(nar), jörðu(nu)m, jarða(nna) *(la) terre ; (les) terres*

kýr(in), kú(na), kú(nni), kýr(innar) ; kýr(nar), kýr(nar), kú(nu)m, kú(nn)a *(la) vache ; (les) vaches*

kálfur(inn), kálf(inn), kálfi(num), kálfs(ins) ; kálfar(nir), kálfa(na), kálfu(nu)m, kálfa(nna) *(le) veau ; (les) veaux*

að lifa *vivre*

kind(in), kind(ina), kind(inni), kindar(innar) ; kindur(nar), kindur(nar), kindu(nu)m, kinda(nna) *(le) mouton ; (les) moutons*

lamb(ið), lamb(ið), lambi(nu), lambs(ins) ; lömb(in), lömb(in), lömbu(nu)m, lamba(nna) *(l') agneau ; (les) agneaux*

að drepast *mourir* (pour animaux)

hræðilegt *terrible*

að fylgjast með *suivre*

að búast við *s'attendre à*

Kötlugosi *une éruption du volcan Katla* (se décline comme **eldgos**)

náttúruhamfarir(nar), -hamfarir(nar), hamföru(nu)m, hamfara(nna) *(les) catastrophes naturelles* (uniquement en pl.)

víst *probablement*

sögulegt *historique*

gos *éruption* (se décline comme **eldgos**)

fjör(ið), fjör(ið), fjör(inu), fjörs(ins) *(la) fête, (l')animation*

heppin ; heppinn *chanceux* (pl.) ; *chanceux* (sing. masc.)

norðurljós(in), norðurljós(in), norðurljósu(nu)m, norðurljósa(nna) *(les) aurores boréales* (uniquement en pl.)

●EXERCICES

1. ÉCOUTEZ L'ENREGISTREMENT ET RETROUVEZ À QUEL ANIMAL CORRESPOND LE SON :

a. gaggalagú (..)

b. mö (..)

c. hohoho (..)

d. voff, voff (..)

e. me (..)

2. TROUVEZ LE BON VERBE :

a. Ég .... í Bandaríkjunum.

   Je ... aux Etats-Unis (vivre au présent)

b. Hann .... eldgosið 2010.

   Il ... l'éruption volcanique de 2010. (survivre au passé)

c. Fólk .... einhvern tímann.

   Les gens .... un jour. (mourir au présent)

d. Kötturinn .... í gær.

   Le chat ... hier. (mourir au passé)

e. Við .... ref.

   Nous ... le renard. (chasser au présent)

f. Þú...................................... lax.

   Tu ... le saumon. (pêcher au présent)

À la ferme

25.
INFORMATIQUE
TÖLVUVINNA

OBJECTIFS	NOTIONS

- **MENTIONNER L'UNIVERS DU TRAVAIL ET DE L'ENTREPRISE**
- **ABORDER LE VOCABULAIRE INFORMATIQUE**
- **MANIFESTER**

- **LA RÉCIPROCITÉ : L'UN L'AUTRE**
- **LES CINQ SENS**
- **LE VERBE ENTENDRE**
- **LE VERBE TRAVAILLER AU PASSÉ**

LE RETOUR AU PAYS

JÓHANN : Je travaille à plein temps à distance maintenant. Je vais donc revenir en Islande, pour toujours. Je devrais juste aller au Danemark une semaine, tous les trois mois.

BIRNA : C'est chouette [à entendre] ! C'est génial de pouvoir travailler avec des gens qui sont à mille kilomètres de distance. J'ai par exemple participé à une réunion téléphonique avec des volcanologues l'autre jour. Nous étions dans cinq pays différents et nous pouvions nous voir, nous entendre, nous parler...

JÓHANN : Oui, je trouve parfois que je travaille mieux avec mes collègues à distance que dans le même bureau. Moins de discussion, plus de travail. Mais je dois acheter un nouvel écran avec une bonne caméra.

BIRNA : J'aime bien les pauses et discussions à la cafétéria. Nous venons justement de décider, avec mes collègues féminines [litt. les femmes au travail], de participer à la journée de congé des femmes.

JÓHANN : C'est bien ! Je peux venir à la manifestation moi aussi. Je peux me déconnecter quand je veux !

TIL BAKA HEIM

JÓHANN: Ég vinn fulla vinnu í fjarvinnu núna. Ég kem því til baka til Íslands alkominn. Ég þarf bara að fara út til Danmerkur í viku, þriðja hvern mánuð.

BIRNA: En gaman að heyra! Það er svo frábært að geta unnið með fólki sem er þúsund kílómetra í burtu. Ég var til dæmis á símafundi með eldfjallafræðingum um daginn. Við vorum í fimm mismunandi löndum og gátum séð hvert annað, heyrt hvert í öðru og talað hvert við annað...

JÓHANN: Já, mér finnst ég oft bara vinna betur með vinnufélögunum úr fjarlægð heldur en þegar við erum á sömu skrifstofunni. Minna spjallað og meira unnið. En ég þarf að kaupa nýjan skjá með góðri myndavél.

BIRNA: Mér finnst gott að hafa kaffistofuna til að spjalla í pásum. Við vorum einmitt að ákveða, konurnar í vinnunni, að taka þátt í kvennafrídeginum.

JÓHANN: Frábært! Ég get líka komið á mótmælafundinn. Ég logga mig út þegar ég vil!

■COMPRENDRE LE DIALOGUE
TRAVAILLER À DISTANCE

Le *travail à distance*, **fjarvinna**, se développe en Islande. Cet arrangement permet par exemple aux gens de continuer à vivre dans les villages isolés, sans devoir se préoccuper des routes coupées par la neige en hiver, etc. De même, la politique de la décentralisation a causé une augmentation de contrats de travail à distance, des instituts de l'État ont été obligées de s'installer loin de Reykjavík sans forcément obliger tout le personnel à suivre.

Vocabulaire du travail
Qu'on travaille loin de l'entreprise, de chez soi ou sur le site, le champ lexical du travail en entreprise reste le même. Voici une liste non-exhaustive :
- → **að vinna**, *travailler*
- → **vinna(n)/starf(ið)**, *(le) travail*
- → **að vinna fulla vinnu**, *travailler à plein temps*
- → **að vinna í hlutastarfi**, *travailler à temps partiel*
- → **vinnufélagi/félagar**, *collègue/s*
- → **skrifstofa**, *bureau*
- → **pása / pásur**, *pause/s*

LE SYSTÈME MÉTRIQUE

Voilà un domaine où l'islandais n'a pas traduit les mots étrangers, vous devez pouvoir comprendre ces mots sans traduction :
millimetri, **sentimetri**, **desimetri**, **metri**, **dekametri**, **hektómetri**, **kílómetri**
N'est-ce pas ?
þúsund, *mille*
kílómetri(nn), -metra(nn), -metra(num), metra(ns), *(le) kilomètre* ; **kílómetrar(nir), -metra(na), -metru(nu)m, metra(nna)**, *(les) kilomètres*

LES CINQ SENS

Dans ce chapitre, nous évoquons quelques sens :
Nous étions dans cinq pays différents et nous pouvions nous voir, nous entendre, nous parler...
Skilningarvitin 5, *Les 5 sens* :
- → **sjónin**, *la vue* → **að sjá**, *voir*

- → **snertingin**, *le toucher* → **að snerta**, *toucher/sentir*
- → **lyktin**, *l'odorat* → **að lykta**, *sentir/humer*
- → **bragðið**, *le goût* → **að bragða**, *goûter, manger*
- → **heyrnin**, *l'ouïe* → **að heyra**, *entendre*

NOTE CULTURELLE

Já, ég þori, get og vil! Oui, j'ose, je peux et je veux !

Le 24 octobre 1975, entre 90 % et 95 % des femmes islandaises se mirent en grève pour lutter contre la discrimination entre les hommes et les femmes au travail. Les Nations Unies décrétèrent l'année 1975 comme l'année internationale de la femme. Diverses associations féministes islandaises se réunirent au début de l'année 1975 pour tenter de s'organiser et de réfléchir à comment profiter de cette opportunité pour faire entendre la parité dans leur pays.

L'action la plus marquante fut le jour du congrès des femmes, appelé **kvennafrí**, *congé des femmes* (et non **kvennaverkfall**, *grève des femmes*) dans le but d'atteindre le plus grand nombre d'islandais et d'islandaises.

Ce jour-là, une grande majorité de femmes islandaises n'est pas allée au travail, paralysant l'activité du pays. Le but était justement de montrer l'importance des femmes au travail. Mission accomplie ! 25 000 femmes se mobilisèrent, faisant de cette manifestation, la plus grande de l'histoire de l'Islande. L'action se poursuit depuis. 30 ans après, les Islandaises ont quitté leur poste à 14h08 précise, heure à laquelle elles ne sont plus payées pour leur travail, si elles comparent avec le salaire de leurs collègues masculins. En 2010, c'était à 14h25 et en 2016, 14h38 : ça progresse !

L'Islande est un des premiers pays au monde en matière de parité, mais la parité des salaires n'est pas encore atteinte, ni la proportion femmes/hommes dans les conseils d'administration des grandes entreprises, etc.

◆ GRAMMAIRE
LE VOCABULAIRE INFORMATIQUE

Comme évoqué précédemment, la langue islandaise n'est pas figée. Elle évolue pour intégrer du vocabulaire nouveau selon les besoins, notamment dans les domaines de l'innovation et des inventions. Des comités spécifiques travaillent à définir les nouveaux mots, dans de nombreux secteurs. Ces comités sont organisés par les syndicats des corps de métiers, qui participent à cette mission gratuitement. Il y a environ 30 comités actifs aujourd'hui dans des domaines différents comme par exemple la santé, l'automobile, l'astronomie, l'architecture, etc. Ils sont chapeautés par *l'Institut Islandais*, **Árnastofnun**, composé de linguistes rétribués pour leur collaboration, via un fond spécial de protection de la langue.

En 1964, l'Université d'Islande acquérait son premier ordinateur et dès 1965 un professeur d'islandais trouve un mot pour cet objet révolutionnaire. Il mélange le mot **tala**, *nombre* et le très ancien mot **völva**, *pythie* pour faire naître le mot **tölva**. La déclinaison est la même que pour **völva** :

	sing. indéf.	plur. indéf.	sing. déf.	plur. déf.
nom.	tölva	tölvur	tölvan	tölvurnar
acc.	tölvu	tölvur	tölvuna	tölvurnar
dat.	tölvu	tölvum	tölvunni	tölvunum
gén.	tölvu	tölva	tölvunnar	tölvanna

→ **skjár**, *écran*
→ **mús**, *souris* (traduction directe)
→ **lyklaborð**, *clavier* (traduction directe)
→ **spjaldtölva**, *tablette* (**spjald**, *carton/écriteau* + **tölva**, *ordinateur*)
→ **snjallsími**, *smartphone* (traduction directe)
→ **myndavél**, *appareil photo* et *caméra* (image + appareil)
→ **að logga sig út**, *se déconnecter* (emprunt à l'anglais)

LA RÉCIPROCITÉ

La réciprocité est une construction de phrase où plusieurs actants d'un ou de plusieurs verbes d'action jouent chacun les mêmes rôles sémantiques les uns vis-à-vis des autres.

Við vorum í fimm mismunandi löndum og gátum séð <u>hvert annað</u>, heyrt <u>hvert í öðru</u> og talað <u>hvert við annað</u>... *Nous étions dans cinq pays différents et nous pouvions nous voir, nous entendre, nous parler...*

Examen de la phrase :
Ce sont trois verbes transitifs :
→ **að sjá**, *voir*, verbe transitif direct, pas de préposition : **að sjá einhvern**, *voir quelqu'un*.

→ **að heyra**, *entendre*, verbe transitif indirect, préposition **í**, *en* : **að heyra í einhverjum**, *entendre quelqu'un*.

→ **að tala**, *parler*, verbe transitif indirect, préposition **við**, *avec* : **að tala við einhvern**, *parler avec quelqu'un*.

Le complément d'objet pour dénoter la réciprocité est composé de deux pronoms : **hver**, *qui* + **annar**, *autre*, l'équivalent en français de l'un l'autre.

Dans la phrase du dialogue, c'est au genre neutre, car le groupe dont on parle est composé d'hommes et de femmes.

Quand il y a deux personnes, on utilise le pronom **hvor**, *lequel des deux* + **annar**, *autre*.

Exemple :

Við tölum hvort við annað, *Nous nous parlons (entre nous deux)*.

Nous avons vu les déclinaisons des deux pronoms, **hver**, *qui* (chapitre 7) et **annar**, *autre* (chapitre 17 au sens de *deuxième*).

Le premier pronom prend le rôle d'un faux sujet, et reste donc au nominatif. Sans préposition, le complément d'objet direct est à l'accusatif, **annað**. Avec préposition, la préposition **í**, *en/dans* impose le datif, **öðru ;** et la préposition **við** impose l'accusatif, **annað**.

▲ CONJUGAISON
LE VERBE **AÐ HEYRA,** *ENTENDRE*

Ég heyri	*J'entends*
Þú heyrir	*Tu entends*
Hann/Hún/Það heyrir	*Il/Elle/neutre entend*
Við heyrum	*Nous entendons*
Þið heyrið	*Vous entendez*
Þeir/þær/Þau heyra	*Ils/Elles/neutre entendent*

Remarquez la contraction à la deuxième personne de la forme interrogative :

Heyrir þú? *Tu entends ?* → **Heyrirðu?**

Ég heyrði	J'ai entendu
Þú heyrðir	Tu as entendu
Hann/Hún/Það heyrði	Il/Elle/neutre a entendu
Við heyrðum	Nous avons entendu
Þið heyrðuð	Vous avez entendu
Þeir/Þær/Pau heyrðu	Ils/Elles/neutre ont entendu

⬢ EXERCICES

1. VOICI LA PHRASE DU TEXTE, OÙ BIRNA RACONTE SA RÉUNION À DISTANCE :

Við vorum í fimm mismunandi löndum og gátum séð hvert annað, heyrt hvert í öðru og talað hvert við annað...

Nous étions dans cinq pays différents et nous pouvions nous voir, nous entendre, nous parler...

a. Si Birna avait eu la réunion avec que des femmes, comment aurait été la phrase de réciprocité ?

→

b. Si Jóhann parle, et il n'a que des collègues hommes :

→

2. TABLEAU DES 5 SENS, REMPLIR LES TROUS :

heyrnin		l'ouïe
	að lykta	l'odorat
bragðið		le goût
		le toucher
sjónin	að sjá	

3. ÉCOUTEZ LES PHRASES, RETRANSCRIVEZ ET TRADUISEZ !

a. .... a. ....

b. .... b. ....

c. .... c. ....

d. .... d. ....

e. .... e. ....

Informatique

●VOCABULAIRE

fjarvinna(n), fjarvinnu(na), fjarvinnu(nni), fjarvinnu(nnar) *(le) travail à distance (pas de pl.)*
fulla ; fullur *pleine (fém. sing. acc.) ; plein*
alkominn *de retour pour toujours*
hvern *chaque*
að heyra *entendre*
burtu *au loin*
símafundur(inn), -fund(inn), -fundi(num), -fundar(ins) ; -fundir(nir), -fundi(na), -fundu(nu)m, -funda(nna) *(la) réunion téléphonique ; (les) réunions téléphoniques*
eldfjallafræðingur(inn), -fræðing(inn), -fræðingi(num), -fræðings(ins) ; eldfjallafræðingar(nir), -fræðinga(na), -fræðingu(nu)m, fræðinga(nna) *(le) volcanologue ; (les) volcanologues*
mismunandi *différents*
vinnufélagi(nn), -félaga(nn), -félaga(num), -félaga(ns) ; vinnufélagar(nir), -félaga(na), -félögu(nu)m, -félaga(nna) *(le) collègue ; (les) collègues*
fjarlægð(in), fjarlægð(ina), fjarlægð(inni), fjarlægðar(innar) ; fjarlægðir(nar), fjarlægðir(nar), fjarlægðu(nu)m, fjarlægða(nna) *(la) distance ; (les) distances*
heldur en *plutôt que*
sömu ; sami *même (fém. sing. dat.) ; même (masc. sing. nom.)*
minna ; lítill *moins (neutre, sing. degré moyen) ; petit (masc. sing.)*
meira ; mikill *plus (neutre, sing, degré moyen) ; beaucoup/grand (masc. sing.)*
nýjan ; nýr *nouveau (masc. sing. acc.) ; nouveau (masc. sing. nom.)*
skjár(inn), skjá(inn), skjá(num), skjás(ins) ; skjáir(nir), skjái(na), skjáu(nu)m, skjáa(nna) *(l') écran ; (les) écrans*
myndavél(in), -vél(ina), -vél(inni), -vélar(innar) ; myndavélar(nar), -vélar(nar), -vélu(nu)m, -véla(nna) *(la) caméra ; (les) caméras*
kaffistofa(n), kaffistofu(na), -stofu(nni), -stofu(nnar) ; kaffistofur(nar), -stofur(nar), -stofu(nu)m, -stofa(nna) *(la) cafétéria ; (les) cafétérias*
að spjalla *papoter*
pása(n), pásu(na), pásu(nni), pásu(nnar) ; pásur(nar), pásur(nar), pásu(nu)m, pása(nna) *(la) pause ; (les) pauses*
að ákveða *décider*
að taka þátt *participer*
mótmælafundinn *(la) manifestation (se décline comme **símafundur**)*
að logga sig út *se déconnecter*

LES CORRIGÉS DES EXERCICES

NOTE

Vous trouverez dans les pages qui suivent tous les corrigés des exercices proposés dans les modules qui précèdent. Les exercices enregistrés sont signalés par le pictogramme 🔊 accompagné du n° de la piste en streaming. Ils se trouvent sur la même piste que le dialogue de la leçon, à la suite de celui-ci ; ils portent donc le même numéro de piste.

1. PRISE DE CONTACT

1. a. er – **b.** er – **c.** er – **d.** ert
03 **2. a.** heiti – **b.** heitir – **c.** heitir – **d.** heitir

2. FAIRE CONNAISSANCE

1. a. þrjú – **b.** tuttugu og níu – **c.** þrítugur – **d.** tuttugu og tveggja
04 **2. a.** Hvað ertu gömul? – **b.** Áttu mörg systkin? – **c.** Hvað viltu gera í júní? – **d.** Heldurðu upp á afmælið í júní?

3. EMPLOIS, ACTIVITÉS, ÉTUDES

1.

Vetur	Vor	Sumar	Haust
Veturinn	Vorið	Sumarið	Haustið
Vetur	Vor	Sumur	Haust
Veturnir	Vorin	Sumrin	Haustin

05 **2. a.** Jóhann er hönnuður. – **b.** Birna er að læra jarðfræði. – **c.** Jóhann vinnur í Danmörku. – **d.** Birna er að læra í Háskóla Íslands. – **e.** Jóhann talar dönsku, ensku og nokkur orð í frönsku.

4. PRÉSENTATIONS

1. a. kemur – **b.** koma – **c.** kem – **d.** kemur – **e.** komum – **f.** kemur – **g.** komið
06 **2. b.** eru að koma – **c.** er að koma – **d.** ert að koma – **e.** erum að koma – **f.** er að koma – **g.** eruð að koma
3. b. Koma þau á stefnumót? – **c.** Kem ég á kaffihús? – **d.** Kemur þú í vinnuna? – **e.** Komum við til Birnu? – **f.** Kemur hann til Yngva? – **g.** Komið þið til Jóhanns?

5. LA FAMILLE

1. a. Je vais apprendre l'islandais. – **b.** Jóhann va peut-être avoir des enfants. – **c.** Elle doit être mariée. – **d.** Birna désire avoir des enfants.
07 **2.**

	vrai	faux
Birna á tvö börn.		x
Jóhann á tvo bræður.	x	
Jóhann á tvö systkin.		x
Birna á tvær systur.		x

3.

le nombre 2	masc.	fém.	neutre
nominatif	tveir	tvær	tvö
accusatif	tvo	tvær	tvö

6. SE QUITTER

08 🔊 **1. et 2. a.** Ég þarf að fara á morgun. / Ég verð að fara á morgun. – **b.** Hún þarf að fara í næstu viku. / Hún verður að fara í næstu viku. – **c.** Jóhann fer í dag til Danmerkur. – **d.** Við sjáumst (aftur) á morgun. – **e.** Þær sjást (aftur) um helgina. – **f.** Þau hittast (aftur) í næsta mánuði.
3. a. Við hittumst. – **b.** Jóhann og Yngvi hittust. – **c.** Þið hittust. – **d.** Þau hittust.

7. RETROUVAILLES

1. a. 2 – **b.** 3 – **c.** 6 – **d.** 5 – **e.** 1 – **f.** 4
09 🔊 **2. a.** Birna segir allt gott. – **b.** Fjölskyldan og vinirnir eru úti í garði. – **c.** Garðurinn er fallegri (en húsið).

8. RDV AVEC UN AMI

1.

	nom. sing.	acc. sing.	dat. sing.	gén. sing.
masc.	stæltur	stæltan	stæltum	stælts
fém.	stælt	stælta	stæltri	stæltrar
neutre	stælt	stælt	stæltu	stælts

	nom. plur.	acc. plur.	dat. plur.	gén. plur.
masc.	stæltir	stælta	stæltum	stæltra
fém.	stæltar	stæltar	stæltum	stæltra
neutre	stælt	stælt	stæltum	stæltra

10 🔊 **2. a.** Faux – **b.** Vrai – **c.** Vrai – **d.** Vrai – **e.** Faux – **f.** Faux

9. ÊTRE EN RETARD

11 🔊 **1.**

Questions	Réponses
a. Er gott að búa í þessu hverfi ?	Já, Birnu finnst það mjög gott.
b. Hvað er langt að ganga í sundlaugina?	Það er korters gangur þangað.
c. Er apótekið við hliðina á sundlauginni?	Nei, matvörubúðin er við hliðina á sundlauginni.
d. Er Stefán orðinn of seinn?	Nei, hann er ekki orðinn of seinn.
e. Fær Birna sér kaffi með Stefáni?	Nei, hann fær sér kaffi einn.

2. a. Klukkan er tuttugu og tvær mínútur yfir átta – **b.** Klukkan er hálftólf (ou ellefu þrjátíu) – **c.** Klukkan er korter yfir miðnætti / korter yfir tólf á miðnætti. – **d.** Klukkuna vantar tólf mínútur í sjö. – **e.** Klukkan er níu mínútur yfir tólf (á hádegi).

10. LA ROUTINE

12 🔊 **1. a.** Ég gat sett í þvottavélina. – **b.** Við vorum búin að leggja á borð. – **c.** Þið máttuð drekka vatn. – **d.** Hann mátti ekki spora út. – **e.** Mamma fór í sund. – **f.** Pabbi gekk inn í eldhúsið. – **g.** Hún drakk vín.

2.

verbe	að skúra (laver le sol)	að spora (salir avec les chaussures)	að ætla (aller/avoir l'intention de)
ég	skúraði	sporaði	ætlaði
þú	skúraðir	sporaðir	ætlaðir
hann/hún/það	skúraði	sporaði	ætlaði
við	skúruðum	sporuðum	ætluðum
þið	skúruðuð	sporuðuð	ætluðuð
þeir/þær/þau	skúruðu	sporuðu	ætluðu

11. AIMER

13 🔊 **1. a.** gott/best – **b.** betra – **c.** góð – **d.** góður – **e.** besti
2. Superlatif fort

	singulier		
	masc.	fém.	neutre
nom.	skotnastur	skotnust	skotnast
acc.	skotnastan	skotnasta	skotnast
dat.	skotnustum	skotnastri	skotnustu
gén.	skotnasts	skotnastrar	skotnasts

	pluriel		
	masc.	fém.	neutre
nom.	skotnastir	skotnastar	skotnust
acc.	skotnasta	skotnastar	skotnust
dat.	skotnustum	skotnustum	skotnustum
gén.	skotnastra	skotnastra	skotnastra

12. CUISINE

1. a. Ég borða stundum heita máltíð/heitan mat í hádeginu. – **b.** Hún borðar alltaf hrossabjúgu á kvöldin. – **c.** Honum finnst ristað brauð gott. – **d.** Við borðum fisk á fimmtudögum. – **e.** Ykkur finnst gott að borða rófur með kjötsúpunni.
2. a. Sú – **b.** Þetta – **c.** þennan – **d.** því – **e.** Hin

13. INVITATION

1. a. Ég mun fara í boðið. – **b.** Hún mun koma með gítar. – **c.** Þú munt eiga vini. – **d.** Þau munu syngja í kór. – **e.** Þið munuð panta tíma.
2. a. Jóhann chante dans une chorale, mais Birna ne chante pas dans une chorale. – **b.** Jóhann a invité Birna a dîner avec des amis de la chorale. – **c.** Birna a rendez-vous chez le médecin, et va voir Jóhann après. – **d.** Je viendrai avec toi chez le médecin. – **e.** Tu as besoin d'un certificat médical.

14. S'ORIENTER EN VILLE

1. a. 4. Hvenær ferðu til Frakklands? – **b. 3.** Konan er inni í húsinu. – **c. 1.** Hvers vegna kemur leigubíllinn ekki? – **d. 6.** Birna syngur ekki vel. – **e. 2.** Jóhann syngur mjög vel. – **f. 5.** Hvert ertu að fara?

2. a. adverbe de négation – **b.** adverbe d'intensité – **c.** adverbe de lieu – **d.** adverbe interrogatif – **e.** adverbe interrogatif – **f.** adverbe de manière

15. SE DÉPLACER

1. a.

Ég notaði	J'ai utilisé
Þú notaðir	Tu as utilisé
Hann/Hún/það notaði	Il/Elle/neutre a utilisé
Við notuðum	Nous avons utilisé
Þið notuðuð	Vous avez utilisé
Þeir/Þær/þau notuðu	Ils/Elles/neutre ont utilisé

b. Hann hefur notað. – Hann er notaður.
2. a. Je suis parti. – **b.** Elles sont parties. – **c.** Je suis allé(e) en France. – **d.** J'ai été en France. – **e.** Je suis parti(e) en Islande.

16. FAIRE DU SHOPPING

1. a. neinum – **b.** neitt – **c.** neinar – **d.** neinn – **e.** neinar
2. a. Nei, Dísu langar ekki í gulan kjól. / Nei, Dísu langar í rauðan kjól. – **b.** Yngvi er besti tískuráðgjafi í heimi. – **c.** Kærastinn hennar Dísu heitir Birgir. – **d.** Dísa og Yngvi

ætla að fara í Kringluna að versla. – **e.** Dísa er að fara með Birgi á árshátíð í fyrirtækinu hans.

17. AVENT ET NOËL

1. a. 17. júní 1944: Sautjándi júní nítján hundruð fjörutíu og fjögur – **b.** 25. febrúar 1987: Tuttugasti og fimmti febrúar nítján hundruð áttatíu og sjö – **c.** 14. mars 2017: Fjórtándi mars tvö þúsund og sautján – **d.** 8. ágúst 1918: Áttundi ágúst nítján hundruð og átján – **e.** 3. nóvember 2003: Þriðji nóvember tvö þúsund og þrjú

19 🔊 **2. a.** Faux – **b.** Faux – **c.** Vrai – **d.** Vrai – **e.** Faux

18. LA BANQUE – LE BUREAU DE POSTE

1. a. Ég get pantað tíma hjá lækninum fyrir þig. – **b.** Góðan daginn, viltu fá þér kaffi? – **c.** Ég bauð fólki að fá sér köku með mér. – **d.** Pantaðir þú borð fyrir okkur á kaffihúsinu? – **e.** Ég tek strætó upp í Borgarnes / Ég tek strætó í Borgarnes. – **f.** Ég kaupi frímerki á pósthúsinu. / Ég fæ frímerki á pósthúsinu.

20 🔊 **2. a.** Þú notar oftast bankakortið þitt. **b.** Ég er alltaf með reiðufé á mér, því að mér finnst óþægilegt að nota kortið fyrir lága upphæð. **c.** Ég er svo gamaldags. **d.** Á morgun sendi ég kort. **e.** Ég kaupi frímerki á pósthúsinu.

19. ALLER À L'HÔPITAL

21 🔊 **1. a.** Vonandi batnaði Yngva fljótt og vel. – **b.** Yngvi fór í margar rannsóknir. – **c.** Guðrún var ekki búin að frétta af Yngva. – **d.** Þú varst búinn að segja Guðrúnu fréttirnar. – **e.** Við fórum á spítalann.

2. a. in – **b.** na – **c.** nni – num – **d.** ið – nn – **e.** inn – nn

20. LE SPORT

1. a. eldhúsgólfið → eld, feu + hús, maison + gólfið, le sol, eldhús : radical / hús + gólfið : radical
b. borðstofuborðið → borð, table + stofu, salon + borðið, la table ; borð + stofu : radical / borðstofu + borðið : génitif
c. hafragrautur → hafra, avoine + grautur, potage : génitif
d. morgunverður → morgun, matin + verður, repas : radical
e. hrossabjúgu → hrossa, chevaux + bjúgu, saucisses : génitif
f. fimmtudagskvöld → fimmt-, cinquième + dags, jour + kvöld, soir, fimmtu+dags : lettre de connexion ; dags + kvöld : génitif
g. læknisvottorð → læknis, médecin + vottorð, certificat : génitif
h. bílskúr → bíl, voiture + skúr, cabane : radical

22 🔊 **2. b.** Fótbolti er vinsælasta íþróttin. – **c.** Dísa er besti dómarinn. – **d.** Að dæma glímu

er skemmtilegasta vinnan. – **e.** Yngvi er hressasti strákurinn. – **f.** Þetta er fallegasti garðurinn.

21. RANDONNÉE

1. b. Hver á ekki góðan útbúnað? – **c.** Hver er ekki í góðu formi? – **d.** Hver æfir ekki glímu? – **e.** Hver horfir ekki á glímukeppnina? – **f.** Hver fer ekki varlega í grjótinu?
2. b. Jóhann er glaður (af) því (að) Guðrún skráði sig í gönguhóp. – **c.** Ég hef hvorki áhuga á íþróttum, né á söng. – **d.** Barninu er illt (af) því (að) það handleggsbraut sig. – **e.** Ég er sterkur enda borða ég fisk á hverjum degi. – **f.** Ég er sterkur (af) því (að) ég borða fisk á hverjum degi. – **g.** Birna er nemi en hún vinnur á Veðurstofunni.

22. À BICYCLETTE

1.

góður, bon	góð, bonne	gott, neutre
góður	góð	gott
góðan	góða	gott
góðum	góðri	góðu
góðs	góðrar	góðs

erfiður, difficile (m.)	erfið, difficile (f.)	erfitt, neutre
erfiður	erfið	erfitt
erfiðan	erfiða	erfitt
erfiðum	erfiðri	erfiðu
erfiðs	erfiðrar	erfiðs

auðveldur, facile (m.)	auðveld, facile (f.)	auðvelt, neutre
auðveldur	auðveld	auðvelt
auðveldan	auðvelda	auðvelt
auðveldum	auðveldri	auðveldu
auðvelds	auðveldrar	auðvelds

2. a. Það er gott veður í dag. Við getum farið út að hjóla. – **b.** Þegar við komum heim úr hjólatúrnum, fáum við okkur heitt kaffi. – **c.** Mér finnst gaman að fara erfiðar fjallaleiðir. – **d.** Það er auðvelt að gera við sprungið dekk.

23. LA PÊCHE

1. a. Mér finnst gaman að veiða fisk, en mér finnst ekki skemmtilegt að veiða hreindýr. – **b.** Foreldrar mínir búa nálægt stöðuvatni og afi og amma búa í Reykjavík. – **c.** Refir borða kindur og villtar gæsir. – **d.** Hreindýr lifa ekki eingöngu á Norðurpólnum. – **e.** Mér finnst lax (mjög) góður!

2.

Mig langaði	J'ai eu envie
Þig langaði	Tu as eu envie
Hann/hún/það langaði	Il/elle/neutre a eu envie
Okkur langaði	Nous avons eu envie
Ykkur langaði	Vous avez eu envie
Þeir/þær/þau langaði	Ils/elles/neutre ont eu envie

24. À LA FERME

26 **1. a.** coq – **b.** vache – **c.** cheval – **d.** chien – **e.** mouton
2. a. bý – **b.** lifði af – **c.** deyr – **d.** drapst – **e.** veiðum – **f.** veiðir

25. INFORMATIQUE

1. a. Við vorum í fimm mismunandi löndum og við gátum séð hver aðra, heyrt hver í annarri og talað hver við aðra. – **b.** Við vorum í fimm mismunandi löndum og við gátum séð hver annan, heyrt hver í öðrum og talað hver við annan.

2.

heyrnin	að heyra	l'ouïe
lyktin	að lykta	l'odorat
bragðið	að bragða	le goût
snertingin	að snerta	le toucher
sjónin	að sjá	la vue

27 **3. a.** Mér finnst gott að vinna í fjarvinnu, en stundum er gaman að fara í pásu með vinnufélögunum.
b. Jóhann bjó í Danmörku, en er að koma aftur til Íslands.
c. Birna er glöð, nú getur hún hitt Jóhann oftar.
d. Yngvi og Dísa vinna saman á kaffihúsi. Dísa á kærasta sem heitir Birgir.
e. Guðrún er mamma hans Jóhanns. Hún er í gönguhóp.
a. J'aime travailler à distance (le travail à distance) mais parfois c'est drôle/amusant/bien de faire une pause avec les collègues.
b. Jóhann a vécu au Danemark, mais il va revenir en Islande.
c. Birna est contente, maintenant elle peut rencontrer Jóhann plus souvent.
d. Yngvi et Dísa travaillent ensemble dans un café. Dísa a un amoureux qui s'appelle Birgir.
e. Guðrún est la maman de Jóhann. Elle est dans un groupe de randonnées.

MÉMOS
GRAMMAIRE
& CONJUGAISON

◆ LA DÉCLINAISON

Les noms, les noms propres, les pronoms, les nombres (de 1 à 4) et les adjectifs se déclinent en quatre cas :
nominatif, le cas du sujet
accusatif, le cas du complément d'objet direct
datif, le cas du complément d'objet indirect / complément d'attribution
génitif, le cas du complément du nom.
Le cas d'un mot déclinable dans une phrase est le plus souvent déterminé par une préposition ou un verbe. Deux phénomènes d'alternance vocalique sont utiles pour mieux comprendre les variations de la morphologie des mots dans les différentes déclinaisons et conjugaisons : la métaphonie et la syncope.

LA MÉTAPHONIE

La métaphonie est une inflexion, soit la modification d'une voyelle sous l'influence d'une voyelle voisine. Ces transformations qui datent du Moyen Age, se maintiennent même après l'éventuelle disparition aujourd'hui dans le mot concerné de la voyelle « coupable ».

La métaphonie en u est causée par un **u** dans le suffixe (qui peut avoir disparu !).
La voyelle **a** dans la première syllabe, donc accentuée, se transforme en **ö**.
La voyelle **a** dans une syllabe non accentuée se transforme en **u**.
Exemple : **gata**, *rue* au nominatif, devient **götu** dans les autres cas.

La métaphonie en i est causée par un **i/j** dans le suffixe (qui peut avoir disparu !).
a → e ; e → i ; o → e, y ; u, ju → y ; ú, jó, jú → ý ; ó, á → æ ; au → ey
Exemple : **stór**, *grand* devient **stærri** au comparatif.

LA SYNCOPE

La syncope est la disparition d'un ou plusieurs phonèmes à l'intérieur d'un mot.
La voyelle d'une syllabe qui fait partie du radical, peut disparaître devant la voyelle du suffixe. Il s'agit en général d'une voyelle non accentuée, donc le radical est à deux syllabes.
Exemple : **veður**, *temps*.
C'est un mot dissyllabique (à deux syllabes). Quand on ajoute l'article défini neutre (**-ið, -inu**) la voyelle inaccentuée de la deuxième syllabe, disparaît : **veðrið, veðrinu**.

LA DÉCLINAISON DES NOMS

Les catégories de déclinaisons de noms sont difficiles à définir et elles sont très nombreuses. Mais malgré la grande irrégularité, 10 terminaisons de déclinaisons sont définies. Elles ne contiennent que les voyelles **a**, **i** et **u** et les consonnes **r**, **s** et **m**. Les 10 terminaisons : **-r**, **-ö**, **-i**, **-s**, **-u**, **-ar**, **-ir**, **-ur**, **-um**, **-a**. Le mot peut se contenter de son radical dans certains cas.

Par exemple, des mots au nominatif en **-r** peuvent être sans terminaison à l'accusatif : **dagur**, *jour* : **dag** ; **hönnuður**, *designer* : **hönnuð**.

La situation se corse lorsque les terminaisons peuvent avoir plusieurs fonctions, selon le genre et le nombre du mot, et selon le radical auquel elles s'attachent. Toutefois, la terminaison **-s** n'existe qu'au génitif et **-um** marque toujours le datif.

La déclinaison forte se distingue par une consonne finale au génitif singulier.

La déclinaison faible se distingue par une voyelle finale pour chaque cas du singulier.

LE GENRE

L'islandais comporte trois genres : masculin – féminin – neutre. Les genres masculin/féminin ne coïncident pas avec le français sauf de manière aléatoire. Ainsi, le mot **bíll**, *voiture* est masculin en islandais, alors que **sól**, *soleil* est féminin. Au neutre, on retrouve évidemment des mots comme **barn**, *enfant* mais aussi **hús**, *maison* ou **auga**, *œil*.

On peut diviser les noms en catégories selon les terminaisons, mais on ne peut pas toujours reconnaître le genre d'un nom selon ses terminaisons. La terminaison **-ur**, est le plus souvent liée au genre masculin, mais il existe quelques mots féminins, comme par exemple **brúður**, *mariée*. De même, une terminaison au singulier du nominatif, ne prédit pas les terminaisons des autres cas du mot. Exemple :

	mot masculin **-ur**	mot masculin **-ur**
nominatif	**dag-ur**, *jour*	**drykk-ur**, *boisson*
accusatif	**dag-**	**drykk-**
datif	**deg-i**	**drykk-**
génitif	**dag-s**	**drykk-jar**

Vous constatez la différence entre les terminaisons du datif et du génitif des deux mots. Si la terminaison **-ur** indique le plus souvent le genre masculin, la terminaison **-a** au nominatif est un fort indicateur du genre féminin : **kona**, *femme*, **veisla**, *fête*, **fjölskylda**, *famille*, **franska**, *français*, **danska**, *danois*… Ces mots féminins ont une déclinaison faible, les trois autres cas se terminent par **-u** :

	mot féminin **-a**	mot féminin **-a**
nominatif	**kon-a**, *femme*	**veisl-a**, *fête*
accusatif	**kon-u**	**veisl-u**
datif	**kon-u**	**veisl-u**
génitif	**kon-u**	**veisl-u**

Mais il existe d'autres terminaisons au féminin (**-i**, **-ur**…) et un grand nombre de mots féminin à une syllabe, sans terminaison au nominatif, comme **ferð**, *voyage*. Généralement, ces mots féminins ont les trois premiers cas identiques :

	mot féminin sans terminaison au nominatif
nominatif	**ferð-**, *voyage*
accusatif	**ferð-**
datif	**ferð-**
génitif	**ferð-ar**

La plupart des noms au neutre n'ont pas de terminaison au nominatif : **barn**, *enfant*, **stefnumót**, *rendez-vous* (attention, c'est un mot composé, **mót**, *rencontre*, est le mot qui définit le cas), **sumarfrí**, *vacances d'été*, etc. Le datif prend la terminaison **-i** et le génitif **-s** :

	mot neutre sans terminaison au nominatif
nominatif	**barn-**, *enfant*
accusatif	**barn-**
datif	**barn-i**
génitif	**barn-s**

Attention, pour les mots neutres dissyllabiques, comme le mot **sumar**, *été*, la deuxième syllabe fait partie du radical, le **-ar** de ce mot n'est donc pas une terminaison de déclinaison. Le **a** disparaît (syncope) quand la terminaison **-i** du datif s'ajoute :

	mot neutre sans terminaison au nominatif
nominatif	**sumar-**, *été*
accusatif	**sumar-**
datif	**sumr-i**
génitif	**sumar-s**

Cette règle de la disparition d'une voyelle atonique devant une terminaison n'est pas toujours appliquée pour les noms neutres.

LE NOMBRE

Les terminaisons du pluriel ne permettent pas de définir le genre du mot. La terminaison du pluriel nominatif la plus courante est **-ar** : **dagur**, **dagar**, *jour*, *jours*, mais il en existe d'autres, comme par exemple **-ir** et **-ur** et **-u** ; pour le neutre : **auga, augu**, *œil*, *yeux*.

Les terminaisons pour le datif et le génitif sont respectivement **-um** et **-a**, pour tous les genres.

L'ARTICLE DÉFINI

L'article défini, le plus souvent suffixé au mot, facilite la reconnaissance des genres et du nombre du mot, par sa régularité. Il n'y a pas d'article indéfini en islandais.
Voici la déclinaison de l'article :

	Singulier					
	masc.		fém.		neutre	
nom.	**hinn**	-(i)nn	**hin**	-(i)n	**hið**	-(i)ð
acc.	**hinn**	-(i)nn	**hina**	-(i)na	**hið**	-(i)ð
dat.	**hinum**	-num	**hinni**	-(i)nni	**hinu**	-nu
gén.	**hins**	-(i)ns	**hinnar**	-(i)nnar	**hins**	-(i)ns
	Pluriel					
	masc.		fém.		neutre	
nom.	**hinir**	-nir	**hinar**	-nar	**hin**	-(i)n
acc.	**hina**	-na	**hinar**	-nar	**hin**	-(i)n
dat.	**hinum**	-num	**hinum**	-num	**hinum**	-num
gén.	**hinna**	-nna	**hinna**	-nna	**hinna**	-nna

Il peut arriver d'observer l'article devant un nom, dans un langage soutenu, par exemple : **hinn góði maður**, *l'homme bon*. Mais il s'ajoute usuellement à la fin du mot, en suffixe, sans le **h** et même souvent sans le **i** (alternance vocalique), qui n'apparaît jamais au pluriel masculin et féminin, et au datif et génitif du pluriel neutre – comme le tableau le montre bien.

Exemple : **Dagur-inn, dag-inn, degi-num, dags-ins**, *le jour* – **dagar-nir, daga-na, dögu-num, daga-nna**, *les jours*.

LES ADJECTIFS

Un adjectif s'accorde en genre (féminin, masculin ou neutre) en nombre (singulier ou pluriel) et peut avoir trois degrés de comparaison : le 1er degré, le comparatif et le superlatif. En épithète il se place devant le nom, et il se décline avec le nom.

Quand le nom est indéfini, la déclinaison est forte : **góður dagur, góðan dag, góðum degi, góðs dags**, *jour bon* – **góðan dag** : *bonjour*.

Quand le nom est défini, la déclinaison est faible : **góði dagurinn, góða daginn, góða deginum, góða dagsins**, *le bon jour*.

Attention : on peut dire **góðan daginn** pour *bonjour*. La déclinaison faible est très régulière et facile à apprendre. Vous pouvez vous référer au tableau complet de l'adjectif **góður**, *bon*, dans le chapitre 11.

LES PRONOMS

Les pronoms personnels
Ég, þú, hann/hún/það, *je, tu, il/elle/neutre*
Vous trouverez le tableau de déclinaisons dans le chapitre 1.

Les pronoms démonstratifs
sá, sú, það, *celui, celle, neutre*
þessi, þessi, þetta, *ce, cette, neutre*
hinn, hin, hitt, *l'autre* (masc.), *l'autre* (fém.), *neutre*
Vous trouverez les tableaux de déclinaisons dans le chapitre 12.

Les pronoms possessifs
minn, mín, mitt
Vous trouverez les tableaux de déclinaisons dans le chapitre 5.

Les pronoms indéfinis
Ils sont nombreux, nous relevons ceux rencontrés dans l'ouvrage :
neinn, nein, neitt, *personne* (masc.), *personne* (fém.), *neutre*
Voir le tableau dans le chapitre 16.

enginn, engin, ekkert, *personne* (masc.), *personne* (fém.), *rien*

	Singulier			Pluriel		
	masc.	fém.	neutre	masc.	fém.	neutre
nom.	**enginn**	**engin**	**ekkert**	**engir**	**engar**	**engin**
acc.	**engan**	**enga**	**ekkert**	**enga**	**engar**	**engin**
dat.	**engum**	**engri**	**engu**	**engum**	**engum**	**engum**
gén.	**einskis**	**engrar**	**einskis**	**engra**	**engra**	**engra**

ýmis, ýmis, ýmis, *divers, diverse, neutre*

	Singulier			Pluriel		
	masc.	fém.	neutre	masc.	fém.	neutre
nom.	ýmis	ýmis	ýmist	ýmsir	ýmsar	ýmis
acc.	ýmsan	ýmsa	ýmist	ýmsa	ýmsar	ýmis
dat.	ýmsum	ýmissi	ýmsu	ýmsum	ýmsum	ýmsum
gén.	ýmiss	ýmissar	ýmiss	ýmissa	ýmissa	ýmissa

annar, önnur, annað, *autre* (masc), *autre* (fém), *neutre*
Voir le tableau de déclinaisons dans le chapitre 22.

LE PRONOM RÉFLÉCHI SIG, *SE*

Le pronom réfléchi existe seulement à l'accusatif, au datif et au génitif, et il se réfère au sujet de la phrase. Sa déclinaison est la même pour les trois genres et les deux nombres :

nom.	-
acc.	sig
dat.	sér
gén.	sín

Exemples : **Íslenska liðið stóð sig vel**, [litt.] *L'équipe islandaise s'est bien débrouillée.*
Birna fékk sér kaffi, [litt.] *Birna s'est servi du café.*

LES PRONOMS INTERROGATIFS

hver, **hver, hvert**, *qui* (masc.), *qui* (fém.), *neutre*
hvor, hvor, hvort, *lequel de deux, laquelle de deux*, neutre
hvaða, *lequel, laquelle (de plus de deux)*, neutre – un pronom invariable
hvílíkur, **hvílík, hvílíkt**, *quel, quelle*, neutre
Vous trouverez les tableaux de déclinaisons dans le chapitre 7.

◆ LES VERBES

Les verbes sont soit forts soit faibles : la différence réside dans la terminaison du passé. Les verbes faibles se terminent par des syllabes composées d'occlusives ou fricatives (**ð / d / t**) au passé. Les verbes forts subissent des alternances vocaliques dans le radical. C'est une catégorie grammaticale ouverte, c'est-à-dire qu'on peut ajouter des verbes « à volonté », mais les nouveaux verbes sont toujours des verbes faibles. Les verbes se conjuguent selon la personne, le nombre, le temps, le mode et la voix. L'infinitif se termine quasiment toujours par **-a** ou **-ja** : **að eiga**, *avoir*, **að vilja**, *vouloir*,

að geta, *pouvoir* – à l'exception des deux verbes auxiliaires **munu** et **skulu**, et quelques verbes qui se terminent par **-á**, comme **að fá**, *avoir/obtenir*, et **að sjá**, *voir*.

Le présent et le prétérit sont les deux temps des verbes islandais. Il n'y a donc pas de temps grammatical futur à proprement parler, seul le contexte peut indiquer le temps du futur – exprimé par un présent simple ou à l'aide d'un auxiliaire :

Ég gef þér afmælisgjöf á morgun, *Je t'offre un cadeau d'anniversaire demain.*
Ég mun gefa þér afmælisgjöf á morgun, *Je t'offrirai un cadeau d'anniversaire demain.*

LES VERBES FAIBLES

Le présent de l'indicatif

Les verbes faibles se divisent en trois catégories de conjugaison régulière, selon la terminaison du présent singulier. Le pluriel est identique dans les trois catégories :

	cat. 1	cat. 2	cat. 3
ég, *je*	-a	-i	-
þú, *tu*	-ar	-ir	-ur
hann/hún/það, *il/elle/neutre*	-ar	-ir	-ur
við, *nous*	-um	-um	-um
þið, *vous*	-ið	-ið	-ið
þeir/þær/þau, *ils/elles/neutre*	-a	-a	-a

N'oubliez pas que dans la première personne du pluriel, la terminaison **–um** exige que si le radical contient la voyelle **a** dans la syllabe initiale (donc accentué), cette voyelle se transforme en **ö**, selon la règle de la <u>métaphonie en **u**</u>. Exemple : **Að tala, ég tala, við tölum** ; *parler, je parle, nous parlons*. Il existe un petit nombre de verbes faibles à conjugaison irrégulière au singulier. Les terminaisons dépendent de la dernière lettre du radical :

Radical se termine	par voyelle	par **-r**
ég, *je*	-	-
þú, *tu*	-rð	-ð
hann/hún/það, *il/elle/neutre*	-r	-

Exemple : **að ná, ég næ, þú nærð, hann nær**, *atteindre, j'atteins, tu atteins, il atteint.* Ces tableaux ne sont pas exhaustifs, ils doivent vous servir de béquille pour tenter de trouver une certaine régularité. Il existe de nombreuses disparitions ou ajouts de phonèmes dans la conjugaison des verbes, dus à diverses raisons de l'évolution historique de la langue. Pour donner un exemple, assez courant :

La lettre **-j-** se glisse devant les terminaisons du pluriel. Il s'agit d'un **j** du radical, qui disparaît au présent, et qui réapparaît au pluriel. Exemple :
að skilja ; ég skil, þú skilur, hann skilur, við skiljum, þið skiljið, þeir skilja, *comprendre ; je comprends, tu comprends, il comprend, nous comprenons, vous comprenez, ils comprennent.*

Le passé de l'indicatif

Pour les verbes de la 1re catégorie, on ajoute un suffixe, intermédiaire à la terminaison : **-að** au singulier et **-uð** au pluriel.
Pour les autres catégories, on ajoute :
-ð si le radical se termine par **r**, **g** ou **f**
-d si le radical se termine par **t** ou **k**
Pour certains verbes qui se terminent par **-ja** à l'infinitif et dont la voyelle du radical est **e** : elle peut devenir un **a** au passé : **að segja, ég segi, ég sagði**, *dire, je dis, j'ai dit.*
Ce suffixe est assimilé au radical, ou élidé, dans les cas suivants :
- Le radical se termine par une diphtongue suivie d'un **-ð** : **að klæð-a sig, ég klæddi mig**, *s'habiller, je me suis habillé*
- Le radical se termine par une consonne suivie d'un **-ð**, **-d** ou **-t** : **að herða, ég herti**, *durcir, j'ai durci* ; **að benda, ég benti**, *pointer, j'ai pointé* ; **að stytta, ég stytti**, *raccourcir, j'ai raccourci* ; **að lyfta, ég lyfti**, *soulever, j'ai soulevé.*
[Veuillez noter que ces verbes n'apparaissent pas dans l'ouvrage, mais sont tout de même donnés à titre indicatif.]
Après ce suffixe intermédiaire, les terminaisons du passé sont identiques pour tous les verbes faibles :

ég, *je*	**-i**
þú, *tu*	**-ir**
hann/hún/það, *il/elle/neutre*	**-i**
við, *nous*	**-um**
þið, *vous*	**-uð**
þeir/þær/þau, *ils/elles/neutre*	**-u**

LES VERBES FORTS

Le présent de l'indicatif

La conjugaison des verbes forts au présent ressemble aux verbes faibles. Pour le pluriel les terminaisons sont les mêmes que pour les verbes faibles. Les alternances vocaliques du présent singulier font la différence. Voici un tableau pour le présent de l'indicatif :

Radical se termine par :	voyelle	-r	-s	-n/-x	autres
ég, *je*	-	-	-	-	-
þú, *tu*	-rð	-ð	-t	-	-ur
hann/hún/það, *il/elle/neutre*	-r	-	-	-	-ur
við, *nous*	-um	-um	-um	-um	-um
þið, *vous*	-ið	-ið	-ið	-ið	-ið
þeir/þær/þau, *ils/elles/neutre*	-a	-a	-a	-a	-a

La plupart des verbes forts appartiennent à la dernière colonne, avec les terminaisons **-ø**, **-ur**, **-ur**. Les alternances vocaliques du radical sont identiques au tableau pour la métaphonie en **i**, donné dans le paragraphe sur la déclinaison des noms :
a → e ; e → i ; o → e, y ; u, ju → y ; ú, jó, jú → ý ; ó, á → æ ; au → ey
Quelques exemples :
að fara, *partir* : **ég fer, þú ferð, hann fer**, *je vais, tu vas, il va*
að fá, *avoir/obtenir* : **ég fæ, þú færð, hann fær**, *j'obtiens, tu obtiens, il obtient*
að koma, *arriver/venir* : **ég kem, þú kemur, hann kemur**, *je viens, tu viens, il vient*
Au pluriel presque tous les verbes sont réguliers. Toutefois, la terminaison **-a** disparaît à la 3e personne du pluriel du verbe **að fá, þeir fá**, *obtenir, ils obtiennent*.
N.B. : le verbe **að fá** apparaît dans l'ouvrage à la forme pronominale : **að fá sér**, *prendre*.

Le passé de l'indicatif

Au passé, certains verbes forts ont un radical pour le singulier, et un autre pour le pluriel. Ex : **Að vera, ég var, við vorum**, *être, j'ai été, nous avons été*.
Il n'y a aucune règle pour connaître les radicaux d'un verbe fort au passé. Il faut apprendre cas par cas. Voici les terminaisons qu'il faut ajouter aux radicaux :

ég, *je*	-
þú, *tu*	-st
hann/hún/það, *il/elle/neutre*	-
við, *nous*	-um
þið, *vous*	-uð
þeir/þær/þau, *ils/elles/neutre*	-u

La terminaison **-st** au singulier, permet de reconnaître un verbe fort, cette terminaison n'existe pas pour les verbes faibles. Par contre, vous observez à nouveau que les terminaisons du pluriel sont identiques à celles des verbes faibles.

L'IMPÉRATIF

Dans le langage soutenu, l'impératif est formé de la racine du verbe, dont on a tronqué la forme infinitive :
vera → ver (þú) – *être → sois*
gera → ger (þú) – *faire → fais*
La terminaison **-a** de l'infinitif disparaît. On trouve cette forme dans la littérature, les dictons, etc. Toutefois dans le langage courant, on inclut une forme affaiblie du pronom personnel þú, selon la dernière lettre du verbe au singulier : -**tu**, -**du**, -**ðu**.
Au pluriel, pour le pronom personnel **þið**, le suffixe est toujours **-ið**.
vera → vertu – verið, *être → sois – soyez*
gera → gerðu – gerið, *faire → fais – faîtes*
Au pluriel, il arrive de mettre le pronom avec : **Verið þið góð!** *Soyez gentils !*

LA VOIX MOYENNE

La voix moyenne sert à exprimer la réciprocité, par exemple quand deux personnes se parlent. On reconnaît cette voix par sa terminaison **-st**. Elle est souvent traduite par une forme pronominale en français, mais pas toujours. Parfois le changement de voix marque un changement de sens du verbe :
Að kynna, *présenter* → **að kynnast**, *faire connaissance.*
Að hitta, *rencontrer* → **að hittast**, *se rencontrer.*
Certains verbes ne se conjuguent pas à la voix moyenne, comme **að vera**, *être.*

LE PARTICIPE PRÉSENT

Le participe présent est très simple à reconnaître : il finit toujours par -**andi**.
að hjóla, *faire du vélo* → **hjólandi**, *faisant du/étant à vélo*
Malgré la ressemblance avec le participe présent français (**-ant**), on ne l'utilise pas toujours de la même manière. *Un homme parlant français*, ne se traduit donc pas forcément par **Maður talandi frönsku**. On dit plutôt **Maður sem talar frönsku.**

LE PARTICIPE PASSÉ

Le participe passé est utilisé avec certains verbes de modalité, comme les auxiliaires **að vera**, être et **að hafa**, *avoir*. Ici, il apparaît avec le verbe **að geta**, *pouvoir* :
Getur pabbi þinn lánað mér bílinn sinn? *Ton père peut me prêter sa voiture ?*
Avec le verbe **að hafa**, *avoir*, et le verbe **að geta**, *pouvoir*, le participe passé est invariable :
Hann hefur lánað, hún hefur lánað, þær hafa lánað. *Il a prêté, elle a prêté, elles ont prêté.*

Hann getur lánað, hún getur láñað, þær geta lánað. *Il peut prêter, elle peut prêter, elles peuvent prêter.*

La forme invariable se termine souvent par **-ð** ou **-t**, comme ici, pour le verbe **að lána / lánað**.

Avec le verbe **að vera**, le participe passé se conjugue en genre et en nombre, comme les adjectifs. Il y a deux types de terminaisons :

Masculin				Féminin				Neutre			
sing.		plur.		sing.		plur.		sing.		plur.	
-ur	-inn	-ir	-nir	-uð	-in	-ar	-nar	-að	-ið	-uð	-in

Ex : Le verbe **að koma**, *arriver/venir* :
Hann er kominn, þeir eru komnir, *Il est arrivé, ils sont arrivés*
Hún er komin, þær eru komnar, *Elle est arrivée, elles sont arrivées*
Það er komið, þau eru komin, *C'est arrivé, ils sont arrivés* (neutre)

BIBLIOGRAPHIE

Rögnvaldsson Eiríkur, *Hljóðkerfi og orðhlutakerfi í íslensku*. Creative Commons (https://issuu.com/eirikurr/docs/hoi). Reykjavik, 2013.

Kvaran Guðrún, *Orð, Handbók um beygingar- og orðmyndunarfræði*. Volume 2 de Íslensk tunga. Almenna bókafélagið, Reykjavik, 2005.

Þráinsson Höskuldur, Gíslason Indriði, *Handbók um íslenskan framburð*. Rannsóknarstofnun kennaraháskóla Íslands, Reykjavik, 2000.

Kölbl, Richard, *L'islandais de poche*. Adaptation par Sæmundur Halldórsson et Pascale Escaig. Assimil, France, 2010.

Bjarnason Solveig, *Parlons islandais - Langue et culture*. L'Harmattan, France, 1998.

Le site de l'Institut d'islandais, *Árnastofnun*, sur les déclinaisons et conjugaisons : http://bin.arnastofnun.is/

Conception graphique, couverture et intérieur : Sarah Boris
Relecture islandaise : Hulda Sif Birgisdóttir
Ingénieur du son : Léonard Mule @ Studio du Poisson Barbu

© 2022, Assimil – www.assimil.com
Dépôt légal : septembre 2022 – ISBN : 978-2-7005-0921-2
N° d'édition : 4136 – Juillet 2022

Imprimé en Roumanie par Tipografia Real